"十三五"职业教育国家规划教材

新编21世纪职业教育精品教材·民航服务类

民航服务礼仪实训

（第三版）

主　编◎侯苏容
主　审◎王万涛

PPT课件　电子教案　课程标准　微课视频　实训大纲

中国人民大学出版社
·北京·

前言

民航业作为一个高端服务业，是一个技术含量高、服务要求高、管理规范的特殊行业，安全、快捷、舒适、和谐是它的最大特点。民航服务主要的服务对象是旅客，服务人员的礼仪素质、仪表形象、言谈举止、服务态度、服务技能等，不仅代表着自身和民航企业的形象，还代表着国家的形象与尊严。21世纪以来，随着我国经济的持续快速增长，民航业呈现出迅猛发展的态势，对民航服务人员的需求很大。全国各地涌现出大量不同层次、规模的院校或社会培训机构进行与民航服务相关的培训。然而，大多数的教育和培训仍沿用传统的教育模式，不能很好地满足民航业对高技能、高素质合格人才的需要。

本教材深入贯彻党的二十大精神，以习近平新时代中国特色社会主义思想为指导，以构建优质高效的服务业新体系、推动现代服务业为指引，根据《国家职业教育改革实施方案》《职业教育提质培优行动计划（2020—2023年）》等文件精神进行系统修订。本教材在保留了上一版框架、体例的基础上，增加了二维码微课视频以及PPT，呈现出很多鲜活、时尚的元素，使本教材更加具有规范性、可操作性、实用性，全面体现了“三全育人”的教育目标，为培养国际化、信息化、技能型人才提供了坚实的基础。

本教材深入贯彻党的教育方针，力求把“立德树人”作为根本任务，广泛践行社会主义核心价值观，通过礼仪规范教育，潜移默化地影响学生传承中华优秀传统文化，使其树立文化自信，形成文明行为，提高文明程度，推动理想信念教育和思想政治教育一体化建设，从而提升学生明大德、守公德、严私德的职业素养，提高学生的道德水准和文明素养。

与上一版相比，本教材具有以下特点：

一、增加思政元素融入

德技双修，价值引领，挖掘思政元素，对接企业用人素养要求，将思政元素融入课程主要内容。每章设立了“素养目标”“最美民航人”等栏目，将家国情怀、民族自信、时代精神、社会主义核心价值观的内容等思政元素有机融入。同时，结合章节内容具体指出了思政案例应用之处，教师可直接用于教学中，引导学生重视素养，鼓励学生在“学做”中加强修炼，全面提升学生的职业素养。

二、更新礼仪姿态规范示范的图片与动作方法

在原有图片的基础上，增加了示范的图片，将绘制的图片全部换成了真人图片，使之更加直观和丰富。对个别动作的讲述，在文字上进行了修改，完善了描述的精确性。

三、增加仪态章节的评价

贯彻评价机制改革的思路，培养学生的职业化素养以及创新能力，提高仪态礼仪的实际应用能力，在第二章增加了总评价。通过工作情境任务对学生进行评价，激发其创新、与团队配合能力，强化仪态规范动作在实际民航工作情境中的应用。

四、更新仪容仪表的教学内容

民航企业对妆容、发型以及制服的规定经常会更新。这次修订，结合了民航企业近期对于仪容仪表的要求，充分体现了校企联动，使教材内容与企业要求同步。

五、增加外事礼仪的内容

民航企业是对外服务的窗口，民航院校要培养国际化的服务人才。教材原有的礼宾内容较少，这次修订增加了大量的礼宾次序的内容，拓展了政务、商务活动的礼仪次序规范，如主席台座次、会议座次、签字仪式座次、合影站位次序以及旗帜悬挂次序。

六、更新日常礼仪规范章节中的图片

原有图片是示意图，多以绘画为主，这次修订，把平面的图全部更新为立体的实物图。立体图片的使用，使教材内容更加直观、时尚，更加便于教师教学与学生学习。

本书由北京市求实职业学校的侯苏容任主编，马艾冰、刘雪慧、孙佳坤任副主编。北京市朝阳区教委、教研中心与中国国际航空公司、海南航空股份有限公司的培训专家对本书予以审定，在此向他们表示感谢。由于时间有限，不足之处请指正。

编　者

“民航服务礼仪实训”课程说明

礼仪教育的综合结果就在于让人们养成良好的礼仪行为，在交际活动中对礼仪原则和规范的遵从成为一种习惯行为。衡量礼仪教育的效果如何，不是看受教育者了解多少礼仪知识，而是看其交际活动中的行为是否合乎礼仪规范，交际活动能否顺利进行。

一、课程目标

本课程是职业院校民航专业的基础课程。学生在本课程的学习中，能够掌握民航服务人员的服务礼仪规范、形象维护与组织、沟通、协调等基本知识；会运用鞠躬、服务引导指示、语言沟通等基本礼仪服务技能进行实际操作；工作能力、团队配合能力、创新能力、社交能力等个人能力得以锻炼、加强；有效培养职业服务意识、职业礼仪素养。

二、课程简介

本课程进行大胆的课程改革，由情境案例引发学生主动思考、讨论，探索礼仪知识在实际服务工作中、生活中的运用规范；在礼仪知识提示的基础上，进行大量的民航服务情境礼仪专项技能训练；通过设计多种操作性强的情境训练方式，实现强化训练单项礼仪技能；对每一项训练内容进行角色评价并反馈，使学生真正掌握礼仪知识与技能，并能够运用于民航服务工作和日常生活当中。

三、课程主要内容及课时分配

本课程介绍的主要内容是民航服务人员礼仪的具体规范，它包括：民航服务人员的仪容仪表、民航服务人员的言谈举止以及民航服务人员的日常礼仪规范等。本课程教学时间为一学年，共计 72 学时。具体安排如下。

第一章　礼仪和民航服务礼仪

一、知识内容

1. 礼仪概述；
2. 民航服务礼仪；
3. 民航企业各岗位服务人员行为规范。

二、学生拓展活动内容

1. 查阅古代礼仪的相关资料；
2. 查阅有关中国古代、现代的仪式方面的礼仪知识；
3. 查找有关民航礼仪服务原则、案例方面的资料。

三、参考课时

6 学时。

第二章　民航服务人员仪态礼仪

一、知识内容

1. 优美的站姿；
2. 端庄的坐姿；
3. 美观的蹲姿；
4. 流畅的步态；
5. 手势与指示方向；
6. 递接物品；
7. 握手；
8. 介绍；
9. 鞠躬礼；
10. 致意礼；
11. 面部表情。

二、学生拓展活动内容

（一）单项训练

1. 站姿训练；
2. 坐姿训练；
3. 高低式、交叉式蹲姿训练；
4. 标准步、后退步、引导步、前行转身步、搀扶帮助步态训练；
5. 手势与指示方向、引导手势训练；
6. 递接物品训练；
7. 握手训练；
8. 自我介绍、他人介绍训练；
9. 迎宾鞠躬礼训练；
10. 致意礼训练；
11. 面部表情、微笑训练。

（二）单元综合训练

每个班级分为两个大组，把本章节掌握的 11 个模块的内容，编排为一套礼仪表演的动作。

三、参考课时

24 学时。

第三章　民航服务人员仪容仪表礼仪

一、知识内容

1. 民航服务人员仪容礼仪；
2. 民航服务人员着装规范礼仪。

二、学生拓展活动内容

1. 走入民航企业，观察员工的仪容规范；检查员工发型、面部、手的清洁是否符合民航服务礼仪的标准；

2. 在教师指定的时间，女生尝试给自己化妆，妆容要符合民航服务行业员工的标准；

3. 训练领带的结法、丝巾的系法；

4. 训练按着装规范穿着制服；

5. 以班级为单位，做职业形象礼仪展示，要求配以音乐，结合仪态规范练习。

三、参考课时

12 学时。

第四章　民航服务人员语言运用礼仪

一、知识内容

1. 语言运用的一般原则与技巧；

2. 礼貌用语；

3. 称呼用语。

二、学生拓展活动内容

1. “五言十字”礼貌用语训练；

2. “每人一句”礼貌用语训练；

3. 语言交流训练；

4. 民航服务情境礼貌用语训练。

三、参考课时

8 学时。

第五章　民航服务人员电话礼仪

一、知识内容

1. 拨打、接听公务电话礼仪；

2. 电话通话突发状况及其对策。

二、学生拓展活动内容

1. 电话礼貌用语运用；

2. 电话流程语言训练；

3. 电话礼仪民航工作情境练习。

三、参考课时

4 学时。

第六章　民航服务人员空间礼仪

一、知识内容

1. 空间距离分类；

2. 空间距离感差异。

二、学生拓展活动内容

1. 体会不同空间距离的心理感受；

2. 民航服务情境空间距离服务练习。

三、参考课时

4 学时。

第七章　民航服务人员外事礼仪

一、知识内容

1. 礼宾次序；

2. 与不同国籍友人交往礼仪规范。

二、学生拓展活动内容

1. 各民族、国家礼仪习俗展示；

2. 接待不同国家、民族的旅客情境服务训练。

三、参考课时

4 学时。

第八章　民航服务人员日常礼仪规范

一、知识内容

1. 迎访礼仪；

2. 交通礼仪；

3. 餐饮礼仪。

二、学生拓展活动内容

1. 练习上茶的动作方法；

2. 办公室或家庭拜访、待客的模拟训练；

3. 练习上下轿车的姿态；

4. 接待客人上下车，并合理安排座次；

5. 中、西餐就餐演示训练。

三、参考课时

10 学时。

四、课程实施建议

1. 教学设计

根据本课程标准，学校在教学实施前，应组织教师进行教学设计，明确课程实施的载体，制定课程实施具体方案，细化课程考核和评价方法。

教学内容可以具体以礼仪案例和民航服务工作情境任务为载体。对民航服务礼仪中知识点的学习，按照对案例思考、讨论的方式进行教学设计，可使用文本或录像、视频、多媒体课件等形式，让学生在一定的情境下通过体会、分析、讨论，理解并掌握知识点；通过学生拓展活动环节进行强化，使学生能够实际运用礼仪规范。在教学设计过程中，既要保证学生专业能力的培养，也要重视学生沟通、合作、应变、信息处理等方法能力和社会能力的培养。

2. 教学方法

可采用案例教学法、工作情境、任务驱动法等，激发学生的学习兴趣和责任意识。结合实际充分利用有效的实训基地进行服务技能训练，模拟民航服务中的各种服务情境，提高学生的服务技能和工作能力。

现代教学应充分利用互联网，对民航专业学生而言，这是一种特殊的接触实际的窗口。根据教学进度需要，引导学生登录有关网站，了解民航企业状况，收集最新信息，学习礼仪新知，了解最新规则。

在礼仪教育中，要认真组织和指导学生的行为演练，通过严格的礼仪技能训练掌握调节行为的能力，养成良好的行为习惯。利用礼仪展示、礼仪大赛、礼仪社会实践活动，使学生在工作、交际活动中对礼仪原则和规范的遵从成为一种习惯行为。

3. 评价方法

本课程的评价坚持过程性评价与终结性评价相结合。过程性评价包括 10 个实训模块的评价，即仪态单项技能训练、仪态表演展示、职业形象展示、礼貌用语训练、电话通话训练、服务距离训练、礼仪习俗展示、迎访礼仪训练、轿车座次角色训练和用餐礼仪展示。对每一模块学习内容的评价，要坚持评价主体的多元化，即学生角色互评和教师评价相结合，定量评价和定性评价相结合。终结性评价，主要参考过程性评价结果，并结合学生平时习惯养成、课堂学习状态、礼仪理论掌握情况进行。

目 录

第一章
礼仪和民航服务礼仪

人无礼则不生，事无礼则不成，国无礼则不宁。

学习目标

知识目标

1. 了解礼仪和民航服务礼仪的基本知识和特征。
2. 理解民航服务礼仪在实际工作中的重要作用。

能力目标

1. 掌握民航各岗位的服务礼仪规范。
2. 注重民航服务礼仪修养，自觉以礼仪道德规范约束自身行为。

素养目标

1. 通过介绍中国礼仪的起源，阐述礼仪的继承性、发展性的特点，弘扬中国优秀传统文化，使学生坚定文化自信，激发学生的爱国主义情怀。
2. 通过介绍民航服务礼仪原则，培养学生诚实守信的职业道德；结合民航各岗位的服务礼仪规范，使学生培养爱岗敬业的职业品格。

第一节 礼仪概述

一、礼仪的起源与发展

情境链接

中山装的由来

据说1919年孙中山先生在上海居住时，有一次将一套已经穿过的陆军制服拿到著名的亨利服装店请裁缝改成“便服”，后来这种款式流行开来，逐步演变成现在的款式：关闭式八字形领口，装袖，4个口袋，前门襟正中5粒明纽扣，后背整块无缝。根据《易经》和周代礼仪等赋予了中山装一些含义，依据国之四维（礼、义、廉、耻）而确定上衣前身设4个口袋；衣领为关闭式，表示严谨；背部无缝，象征国家和平统一等。显然，中山装的形成是在西装基本形式上又糅合了中国传统意识，整体廓形垫肩收腰，均衡对称，穿着起来显得稳重大方。

思考·讨论

礼仪渗透于人们的生活中，你知道礼仪起源于何时吗？你了解哪些礼仪方面的典故？同学们可以互相交流。

礼仪概述

讲解提示：

1. 礼仪的起源与发展
2. 礼仪的含义、定义、特点
3. 民航服务礼仪

人类社会发展之初，出于对自然现象神秘不可知的敬畏，各种宗教、原始崇拜产生，如拜物教、图腾崇拜、祖先崇拜等。为了表达这种崇拜之意，人类生活中就有了祭祀活动，并在祭祀活动的历史发展中逐渐完善相应的规范和制度，正式成为祭祀礼仪。这是人类最初的礼仪。

在中国古代产生了由崇拜自然转而崇拜人类自身的另一种模式，即由对龙、对天的崇敬扩展到对君主的崇敬。随着人类社会生活的发展，祭祀活动日益频繁，逐步形成各种固定的模式，最终成为正规的礼仪规范。

从历史发展的角度看，中国古代礼仪的演变可分为四个阶段，见图1-1。

礼仪的起源时期 ⇨ **夏朝以前**
原始的政治礼仪、敬神礼仪、婚姻礼仪等在这个时期已有了雏形，但还不具有阶级性。

礼仪的形成时期 ⇨ **夏、商、西周三代**
在这个阶段，中国第一次形成了比较完整的国家礼仪与制度，提出了许多极为重要的礼仪概念，如“五礼”等，确立了崇古重礼的文化传统。

礼仪的变革时期 ⇨ **春秋战国时期**
在这一时期，学术界百家争鸣，以孔子、孟子为代表的儒家学者系统地阐述了礼的起源、本质和功能，第一次在理论上全面而深刻地论述了社会等级次序划分及其意义。

礼仪的强化时期 ⇨ **秦汉到清末**
这一时期的重要特点是尊君抑臣、尊夫抑妇、尊父抑子、尊神抑人。

图1-1　中国古代礼仪演变

辛亥革命以后，新的礼仪标准、价值观念得到推广和传播，这是礼仪发展的一个重要阶段。今天国际上通行的一些外交礼仪绝大部分就是在这个时期形成的。

学生拓展活动

1. 了解中国古代礼仪文化：查找古代礼仪中“泰山封禅”的资料，同学之间互相交流。

2. 查找相关资料，回答问题：

（1）在礼仪形成阶段，形成了“五礼”制度，五礼是指________、________、________、________、________。

（2）________是我国历史上第一位礼仪学家。

二、礼仪的概念

情境链接

两声口哨

1786年，法国国王路易十六的王后玛丽·安东尼亚到巴黎戏剧院看戏，全场起立鼓掌。放荡不羁的奥古斯丁为了引起王后的注意，面向王后吹了两声很响的口哨。当时吹口哨被视为严重的调戏行为，国王大怒，把奥古斯丁投入监狱。而奥古斯丁入狱后似乎就被遗忘了，既未经审讯，也没被判刑，就日复一日地被关押着。后因时局变化，他曾有过两次出狱的机会，但阴差阳错，终究还是无人问津。直到1836年，老态龙钟的奥古斯丁才被释放，当时他已经72岁。两声口哨换来了50年的牢狱之灾！

思考·讨论

你是怎么理解这个案例的？“礼仪”这个词我们常说、常见，它的定义是什么？具体有什么含义？

（一）礼仪的含义

中国古代的“礼”有三种含义，即政治制度、礼貌礼节、礼物；“仪”也有三种含义，即容貌和外表、仪式礼节、准则和法度。中国古代礼仪更加偏重于政治体制上的道德教化。西方的“礼仪”指言谈举止、教养和规矩、仪式典礼和习俗。

综合中国古代和西方对礼仪的理解，现代礼仪的含义为：礼仪是一种行为规则和行为模式；礼仪是大家共同遵守的；礼仪具有存在的合理性。

（二）礼仪的定义

从广义上讲，礼仪是指一个国家的典章制度；从狭义上讲，礼仪是指人们在社会交往中受历史传统、风俗习惯、时代潮流的影响而形成的，既为人们所认同，又为人们所遵守，以建立和谐关系为目的的各种符合礼的行为准则和规范的总和。

（三）“三礼”

现代社会的“三礼”指礼貌、礼节、礼仪。

1. 礼貌

礼貌是人与人之间在接触交往中相互表示敬重和友好的行为准则，它体现了时代的风貌与道德品质，以及人们的文化层次和文明程度。礼貌是一个人在待人接物时的外在表现，它通过言谈、表情、姿态等来表示对人的尊重。

2. 礼节

礼节是人们在日常生活，特别是在交际场合中，相互问候、致意、祝愿、慰问以及给予必要的协助与照料的惯用形式。

3. 礼仪

在礼学体系中，礼仪是有形的，它存在于社会的一切交往活动中，其基本形式受物质水平、历史传统、文化心态、民族习俗等众多因素的影响。因此，语言、行为表情、服饰器物是构成礼仪最基本的三大要素。今天，人们一般对礼仪比较重视。凡为表示敬意而隆重举行的仪式，均称为礼仪活动。

4. “三礼”的关系

礼貌是礼仪的基础；礼节是礼仪的基本组成部分，也是礼貌的具体表现形式；而礼仪在“三礼”中是层次更高、内涵更广的概念。其具体关系见图 1－2。

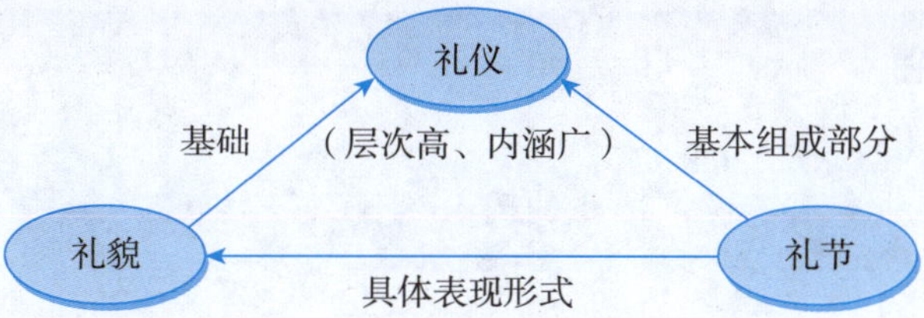

图 1－2 “三礼”的关系

（四）仪式、仪表

仪式是在一定场合举行的具有专门规定的一种行为规范和程序。仪表指人的外表，包括容貌、姿态、风度、服饰等。仪表属于美的外在因素，反映人的精神状态。一个人的仪表有年龄、职业、场合上的不同要求。

学生拓展活动

1. 查阅相关资料，说说中国古代、现代有哪些仪式，这些仪式有哪些程序，应注重哪方面的礼仪。

2. 填空题——鸣炮礼。

（1）鸣礼炮响数的多少依据受礼人的身份高低而定。现在的国际通例是，迎送国家元首或其他相应级别的人，鸣炮________响；迎送政府首脑或其他相应级别的人，鸣炮________响；迎送副总理级官员，鸣炮________响；鸣炮一般是在贵宾到达或离开时进行。

（2）我国开国盛典的礼炮________门，鸣放________响，是由第一届全国人民政治协商会议决定的。

三、礼仪的特点

情境链接

手帕风波

国内某家专门接待外国游客的旅行社，有一次准备在迎接来华的意大利游客时送每人一件小礼品。为此该旅行社订购了一批由杭州知名厂家出品的真丝手帕，手帕上面绣着花草图案，十分美观大方，并装在特制的印有旅行社社徽的纸盒内。中国丝织品闻名于世，旅行社认为这件礼品会受到客人的喜爱。

旅行社接待人员到机场迎接意大利的游客时，所致的欢迎词热情、得体，可当他在车上赠送每位游客一盒手帕时，没想到车上一片哗然，客人们议论纷纷，显得很不高兴。特别是一位夫人，大声叫喊，表现得极为气愤，还有些伤感。旅行社接待人员慌了：好心好意送人家礼物，不但得不到感谢，怎么还出现这般景象呢？

思考·讨论

中国人总以为礼多人不怪，这些外国人为什么怪起来了？

原来，在意大利和西方一些国家有这样的习俗：亲朋好友相聚一段时间告别时才送手帕，取意为“擦掉惜别的眼泪”。在本案例中，意大利游客兴冲冲地刚刚踏上盼望已久的中国大地，准备开始愉快的旅行，你就让人家“擦掉惜别的眼泪”，人家当然不高兴。

本案例告诉我们：在交际场合，中西方礼仪具有差异，要了解并尊重各国的风俗习惯，这样做才是有礼的表现。

（一）礼仪的共同性

礼仪是行为准则和规范。礼仪是人类文明的一种表现和象征，具有极其明显的人文性、社会性。礼仪在人类生存和发展中，可以说是无时不在、无处不在，这就是礼仪的共同性。大家都以遵守礼仪为荣，以不守礼仪为耻。

（二）礼仪的差异性

案　例

不当谦虚

一位英国老夫人到中国游览观光，对接待她的导游小姐评价颇高，认为她服务态度好，语言水平高，便夸奖导游小姐说：“你的英语讲得好极了！”导游小姐马上回应说：“谢谢您的夸奖，我的英语讲得还不够好。”英国老夫人一听就生气了：“英语是我的母语，难道我不知道怎样是英语讲得好吗？”

老夫人生气无疑是导游小姐忽视东西方礼仪的差异所致。西方人讲究一是一、二是二，而东方人讲究的是谦虚，凡事不张扬。不同国家、不同民族，由于其历史文化传统、语言、文字、活动区域不同，以及在长期的历史发展过程中形成的不同心理素质特征，对礼仪有不同的讲究，其礼仪都带有本国家、本民族的特点。

（三）礼仪的继承性

随着时间的推移，礼仪传统被沿袭下来。对待流传下来的礼仪规范，应采取“取其精华，去其糟粕”的态度。

（四）礼仪的发展性

礼仪是社会发展的产物，是人们在各种社会交往中，为了相互尊重，在仪表、仪态、仪式、仪容、言谈举止等方面共同认可的规范和程序。一个时代的社会风貌、文化习俗、思想观念都会对其产生一定的影响，因此其具有时代的特点。但礼仪不是一成不变的，随着时代的发展、科学技术的进步，在传统的基础上，礼仪也在不断地推陈出新。

学生拓展活动

1. 收集相关资料，并与同学们交流：不同民族、不同国家的礼仪习俗。

2. 填空题：数字“7”，在________、________（国家）代表着吉祥、美满，而在________（国家）则有不太好的含义。

测一测

请同学们试着对自己做一番测试。满分为 100 分，若得分在 50 分以下，就得给自己狠敲警钟了。评分方式：A、B、C、D 选项分别对应 4 分、3 分、2 分、1 分。

1. 你探望、问候父母等长辈的频率如何？

A. 经常　B. 一般　C. 偶尔　D. 从不主动

2. 你听从父母等长辈的意见或开导吗？

A. 经常　B. 一般　C. 偶尔　D. 不听或嫌他们烦

3. 你陪父母等长辈聊天吗？

A. 经常　B. 一般　C. 偶尔　D. 嫌他们啰唆

4. 你记得父母的生日吗？

A. 记得　B. 记得大概日子

C. 记得月份　D. 毫无印象

5. 你路遇师长会打招呼吗？

A. 经常　B. 一般

C. 偶尔　D. 装作没看见或不认识

6. 你走进老师或长辈的房间前先敲门吗？

A. 经常　B. 一般　C. 偶尔　D. 从不

7. 逢年过节你给师长发短信或邮件致贺吗？

A. 经常　B. 一般　C. 偶尔　D. 从不

8. 你上课时认真听讲吗？

A. 经常　B. 一般　C. 偶尔　D. 随自己高兴

9. 你对老师为你做的事情表示尊重和感激吗？

A. 经常　B. 一般　C. 偶尔　D. 从不，我行我素

10. 你给长辈打电话时注意礼貌用语吗？
A. 经常　B. 一般　C. 偶尔　D. 从不注意
11. 在公共场所你注意长幼有序吗？
A. 经常　B. 一般　C. 偶尔　D. 从不
12. 你在公交车上给老弱病残让座吗？
A. 经常　B. 一般
C. 偶尔，看自己高兴　D. 从不，装作没看见
13. 与人相处时你注意个人卫生吗？
A. 经常　B. 一般　C. 偶尔　D. 从不
14. 在公众场合你大声喧哗、旁若无人吗？
A. 从不　B. 偶尔（控制不住时）
C. 一般　D. 经常
15. 你答应为别人做事，做到“言必信，行必果”吗？
A. 经常　B. 一般　C. 偶尔　D. 老忘掉
16. 你借别人的书籍、物件注意及时归还吗？
A. 经常　B. 一般　C. 偶尔　D. 老忘掉
17. 你对人说粗话或贬损别人吗？
A. 从不　B. 偶尔（控制不住时）
C. 一般　D. 经常（因为别人对我不好）
18. 你不介意别人批评你，并且闻过则改吗？
A. 经常是　B. 一般　C. 偶尔　D. 从不
19. 你帮助别人，并从中享受快乐吗？
A. 经常　B. 一般　C. 偶尔　D. 从不
20. 你看到别人失败或有缺点时会幸灾乐祸吗？
A. 从不　B. 偶尔　C. 一般　D. 经常
21. 你尊重普通劳动者（如清洁工、门卫、快递员等）的劳动吗？
A. 尊重　B. 比较尊重
C. 表面上尊重，心底里瞧不起　D. 根本没感觉
22. 你注意节约粮食、水电吗？
A. 注意　B. 比较注意
C. 随自己高兴　D. 从不在乎
23. 碰到坏人做坏事，你挺身而出吗？
A. 经常　B. 一般
C. 偶尔能够　D. 尽可能躲开
24. 你说话、做事注意别人的感受吗？
A. 很注意　B. 比较注意　C. 偶尔注意　D. 从不注意
25. 你做错事情敢于承担责任吗？
A. 一定会　B. 一般　C. 偶尔会　D. 从不

第二节　民航服务礼仪

如果用一句话给服务下一个定义，那就是：服务是指为他人做事，并使他人从中受益的一种有偿或无偿的活动。也可以说，服务是不以实物形式而以提供活劳动的形式满足他人某种特殊需要。

民航服务礼仪是一种行为规范，是指民航业的服务人员在服务工作中应遵守的行为规范，它具体是指民航地面服务人员、空中乘务人员在工作中与旅客交往，自始至终地以一定的、约定俗成协助旅客顺利完成旅途过程的程序、方式来表现律己、敬人的完整行为。

一、民航服务礼仪的基本要求

情境链接

待旅客如亲人

一次为旅客办理登机手续时，一位年过古稀的老人在柜台前久久地盯着我看，看得我有点不好意思，我正纳闷，他掏出一张照片递给我看，并告诉我：“这是我的孙女，和你长得多像！”我仔细看了照片，真和我十分相像，我将照片还他时，他用颤抖的双手紧紧握住我的手，激动不已，眼里噙着泪花说：“我两年多没见她了，真想她呀！”我被他的情绪感染了，一边拿着纸巾为他擦泪，一边亲切地说：“爷爷，您马上就要见到她了，应该高兴啊。”他突然问我：“你叫我什么？”“爷爷。”我提高嗓门又亲切地喊了一声。他拍着我的后背，连连说：“多懂事的孩子……”仅仅是一声简单的称呼，却让老人的心理得到了极大的慰藉和满足，缩短了我们之间的距离。

思考·讨论

以上案例，“我”作为民航服务人员，做得很好。讨论：好的服务质量表现在哪些方面？

有形、规范、系统的服务礼仪，不仅可以树立服务人员和企业良好的形象，而且可以传达出受客户欢迎的服务规范和服务技巧，能让服务人员在和客户交往中赢得理解、好感和信任。

民航服务礼仪的基本要求如下：

（1）规范服务。

民航岗位要求向服务对象提供标准、正确的服务。民航礼仪以服务人员的仪容规范、仪态规范、服饰规范、语言规范和岗位规范为基本内容。

（2）礼貌服务。

民航服务人员在服务的过程中，要展现出良好的个人素质和企业礼仪文化。

（3）主动服务。

民航服务人员要有较强的服务意识和更多的情感投入。

（4）热情服务。

民航服务人员要以热情的态度耐心接待服务对象，尤其当服务对象比较挑剔或有较多困难时，一定要保持耐心、冷静，不厌其烦地把工作做好。

学生拓展活动

考考你：查找服务礼仪相关资料，写出在服务过程中首轮效应、末轮效应、亲和效应是怎么体现的。

首轮效应体现在：____。

末轮效应体现在：____。

亲和效应体现在：____。

二、民航服务礼仪原则

情境链接

换位思考

乘务员在客舱巡视时，观察到一排座位坐着一家三口，婴儿已经在母亲的怀抱里熟睡。乘务员想：如果把坐在这家人旁边的旅客调开，孩子就可以平躺下来，这样不仅孩子能休息地更好，母亲也不用那么劳累了。于是乘务员走上前跟旁边的旅客客气地协商："先生，您看，这位母亲抱着孩子太辛苦了，今天航班中还有空座位，我帮您调换一下，可以吗？"没想到这个建议竟然被旅客断然拒绝："我只喜欢坐自己的座位。"乘务员愕然，悻悻地想：怎么遇到这样不知道体谅别人的旅客啊？真自私！乘务员却没想到问题是出在自己的沟通上。同样的场景，乘务员可以这样说："先生，旁边这位母亲抱着孩子，你们坐得比较挤，今天航班中还有空座位，我帮您调换一下，您可能会休息得更好些，您愿意吗？"这位旅客不仅欣然同意，还称赞乘务员想得真周到，而那位母亲也一个劲儿地向乘务员致谢。乘务员在服务中多一些换位思考，将沟通的需求主体由母亲换成了旁边的这位旅客，结果就完全不一样了。

思考·讨论

在民航服务工作过程中应注意些什么？什么行为才是被大家所认可的、符合礼仪的？应避免的行为是什么？

民航服务礼仪主要有八大原则。

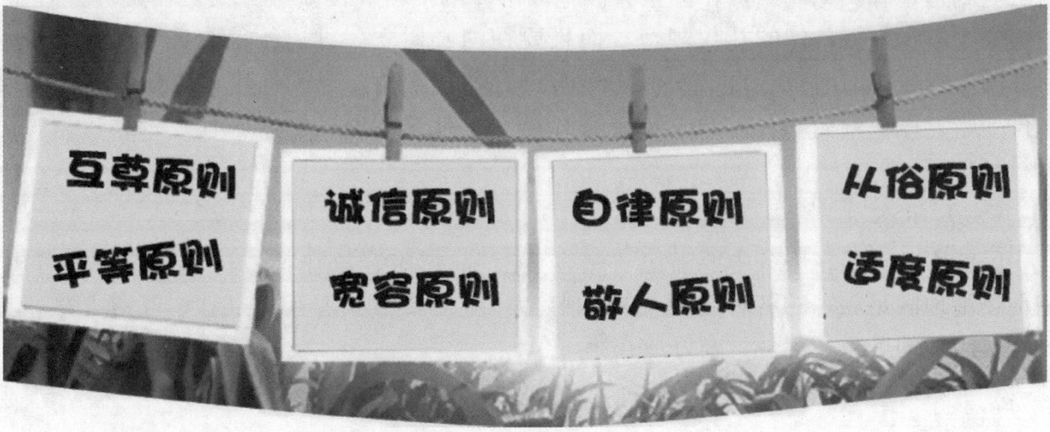

（一）互尊原则

尊重他人是礼仪的基本原则，人际交往中尊重是相互的，当你向对方表示尊敬和敬意时，对方也会还之以礼，即“礼尚往来”。每一位民航服务人员都应以服务礼仪去规范自己在服务过程中的一言一行、一举一动。以自己对旅客的尊重，赢得旅客对自己的尊重，从而营造和谐的服务氛围。

（二）平等原则

平等相待，正如古人所说：“勿以身贵而贱人。”交往者不应该因为年长、位高而骄傲自负，也不应该因为年轻、位低而自卑自惭。民航服务人员在为旅客服务的过程中，对待所有的旅客要尽力做到一视同仁，给予同等程度的礼遇。

（三）诚信原则

诚信是一种美德。内诚于心，外诚于人，诚实守信是中华民族的传统美德。诚实守信是一个人立足社会的基础，也是一个人应有的基本道德品质。在工作中，一个人的诚信比专业能力更重要。专业能力固然重要，但是能力不足的人可以通过个人努力，将勤补拙。而一位没有诚信的人，再出色也于事无补，必定无立足之地。树立诚信意识要从个人做起。企业的员工在与他人相处中，如果缺乏诚信，不但会损害自己的形象，而且可能影响到企业的形象。

（四）宽容原则

宽容就是心胸宽广，“海纳百川，有容乃大”，能设身处地为旅客着想，能原谅旅客过失，这是一种美德，被称为现代人的礼仪修养。具体到民航服务工作中，就是要多理解客人、体谅客人，切不可求全责备、斤斤计较，甚至咄咄逼人。面对客人提出的过分的甚至是失礼的要求，工作人员应冷静而耐心地解释，“得理也让人”，学会宽容，保全客人的尊严。

（五）自律原则

礼仪一经制定和推行，便成为社会的行为规范和习俗，人们都应遵守和服从，都将自觉或不自觉地受到约束。如果一个人我行我素，不能遵守社会上普遍的礼仪规范，就会受到道德和舆论的谴责，甚至会被施以法律的手段。民航服务人员在服务过程中，不仅要了解和掌握具体的礼仪规范，而且要在内心树立一种道德信念和行为修养，从自我约束入手，时时检查自己的行为是否符合礼仪规范，在工作中严格按照礼仪规范接待和服务旅客，做到有没有上级主管在场一个样、客前客后一个样，把礼仪规范变成自觉行为。

（六）敬人原则

民航服务人员在服务中要谨记“旅客至上”，把旅客放在首位，一切为旅客着想，主动热情地满足旅客的各种合理需求和愿望。不但要与旅客互谦互让、互尊互敬，更要将对旅客的尊重、恭敬、友好放在第一位。

案　例

化险为夷

我是航空公司的乘务长，在一次飞行任务中遇到这样一件事：

一位旅客不小心碰洒了一杯放在小桌板上的番茄汁，一些汁液溅到了邻座旅客的衣服上，这位旅客对衣服被弄脏很恼火，按响了呼唤铃叫来乘务员。负责调解此事的是一位经验丰富的乘务员。她说：“先生，您的衣服被弄脏了，我们感到很抱歉，请您把衣服脱下来交给我，我先帮您把衣服洗一洗，尽量洗干净，这样您回家再洗会容易些。”

但不知是这位旅客误会了乘务员的意思，还是被怒火冲昏了头脑，他竟然误认为乘务员是要让他在客舱中当众脱衣服。他认为这是在侮辱他，于是大发脾气，怒吼着要求见乘务长。乘务员对此感到非常委屈，好意竟被误解，反遭到责难。我连忙走过来。旅客的情绪越来越激动：“我是男人我怕什么，脱就脱！”他真的脱掉了衬衫，打着赤膊。我连忙说：“先生，快把外套穿上吧，当心着凉。您先别激动，这番茄汁有颜色，现在不马上洗洗，回家再洗可能污渍就洗不掉了。这样吧，我先帮您把衣服洗干净，赔偿的事咱们待会儿再谈好吗?”这位先生想了一下，把衬衫扔给了我，穿上了外套。

我在卫生间仔细地用肥皂搓洗，把污渍全部洗干净后拿给他看，得到他的确认后，我才说：“先生，对于您的衬衫在飞机上被弄脏，我很抱歉，但请您相信，乘务员主动要求为您洗衬衫完全是出自好意，绝没有其他的意思，请您不要多想。”也许是衣服已经洗干净了，又或许是周围的旅客都在议论，这位先生没再说什么，也没有再提赔钱的事。

下机时，坐在他附近的一位乘客对我说：“你们的工作真的很辛苦，问题处理得很好，值得表扬!”那位碰洒番茄汁的乘客说：“让你们代我受过，真的不好意思，谢谢你们!”听到这番话我很感动，能得到旅客的理解和支持就是对我们工作最大的肯定和促进。

（七）从俗原则

由于文化、知识、地位等差异，旅客可能会对民航的规则或服务不理解而提出种种意见，甚至拒绝合作。对于这一客观现实，民航服务人员一定要做好心理准备，向旅客耐心解释，力求帮助旅客解决困难或给予其满意的答复。

（八）适度原则

民航服务人员在服务过程中，为了保证服务质量与实效，要注意积累服务技巧，合乎服务规范，把握服务分寸，适度得体。依具体情境而行使相应的礼仪，既要彬彬有礼，又不能低三下四；既要热情大方，又不能轻浮谄谀；要自尊而不要自负，要坦诚但不能粗鲁。

学生拓展活动

查找服务礼仪相关资料，写出服务礼仪敬人“3A”原则的内容。

3个以字母“A”开头的单词是________、________、________，是指在民航服务过程中，要________、________、________。

三、学习民航服务礼仪的必要性

民航服务人员只有掌握民航服务礼仪，才能做好服务工作。民航服务人员是直接与旅客接触并为旅客服务的人，俗话说：“你不会有第二次机会来留下良好的第一印象。”这第一印象对民航服务人员来说至关重要，所以要掌握民航服务礼仪。

学习民航服务礼仪对员工个人、航空公司、一个地区乃至国家的形象树立都有重要意义。

（一）有助于提高民航服务人员的个人修养

一个人的礼仪修养可以反映出其学识、品格，是一个人人格的外在体现。通过礼仪学习，民航服务人员可以按照一定的礼仪规范要求，结合自身实际情况不断自我约束、自我锻炼和改造，做一个有教养、有礼貌、受欢迎的现代人。

（二）有助于更好地体现对宾客的尊重和个人的职业素养

在日常社会交际中，礼仪是一种社会道德规范，是人们日常交往的行为准则。而在职业范畴里，礼仪反映着从业人员的职业素养，是服务人员职业道德中“热情待客，宾客至上”意识的具体体现。在整个航空旅行过程中，旅客除了物质需求外，更重要的是精神需求的满足。“受到尊重”便是客人最基本的需求之一。而“体贴和尊重”就是礼的核心本质，“礼貌待客”也是服务接待工作的核心内容，所以学习礼仪会使民航服务人员在态度、言行、举止等方面更好地尊重和体贴旅客，为旅客提供优质服务，这也是一个服务人员的基本职业素养。

（三）有助于提高航空公司的服务质量和服务水平

一家航空公司要吸引客人，不仅硬件要过关，而软件，也就是服务方面也要出色。民航服务是一个系统很长的链条。从预订机票开始，到航班上提供餐食服务，再到乘客抵达目的地后的地面服务，环环相扣，任何一个方面都不能疏忽。作为软件核心之一的“礼貌待客”不仅体现一家航空公司的服务质量和服务水平，也影响企业的经济效益和社会效益，直接决定航空公司的生存与发展。

（四）有助于展示一个地区、一个国家的形象

礼仪修养是社会道德文化的重要组成部分，它反映了一个社会和地区的进步和文明程度，是由其成员和民众履行情况来体现的。民航服务人员作为展示自己国家文明形象的“大使”，代表国家的形象，展示人们的文明程度和精神风貌。特别是我们国家，素有“礼仪之邦”的美誉，民航企业更是对外展示的窗口，民航服务人员良好的礼仪修养会产生积极的宣传效果，能为其所在的企业、城市、国家树立良好形象，赢得荣誉。

案　例

服务意识发自内心

某航空公司在招聘普通服务岗位员工时，采用了比较高端的无领导小组讨论方式，讨论的题目是策划一场残障儿童春游活动。讨论中，两位应聘者的表现引起了面试官的注意。一位表现出很强的逻辑和组织能力，很快成为小组讨论的领导，引导着大家的讨论。另一位则提出了非常具体的三点建议：一是提前留下这些残障儿童监护人的至少两个联系方式；二是避免去像游乐场这样不适宜残障儿童的场所；三是活动时间不宜太长且需提前安排好接送。结果，后者被录用了。面试官给出的理由是，一线的服务人员并不是管理人员，组织和领导能力并不是关键因素，而首要考虑的是应聘者本身的服务意识；做服务工作，主要就是服务意识，后期培养的只是服务的知识和技能。缺乏服务意识的个体，对于他人的情感和情绪体验不敏感，即使花再大的力气培养和管理，最多也只能是达到一般的服务水平而已，距离真情服务还很遥远。

测一测

你的服务意识如何？

下面共有10道测试题，每道题满分10分，你可以酌情为自己打0～10分，总分100分。

（1）在你的家里，你作为年轻的家庭成员，总能做到尊重、关心、顺从老人，关心老人的心情和健康，让老人高兴。在你的影响下，家庭关系很和睦。

（2）只要家里来了客人，你总能主动为客人沏茶倒水，与客人亲切交谈，让客人舒心、随兴、高兴。

（3）和朋友们在一起时，你总是主动关心每一个人的冷暖和心情。

（4）你总是乐于关心和帮助他人，谁遇到困难你都能尽力帮忙。

（5）你经常称赞和夸奖别人。

（6）得到别人的谅解、赞美和帮助时，你总是心存感激。

（7）走在大街上，有陌生人向你问路，你总是不厌其烦地给其讲清楚。

（8）如果有人请你帮忙，而你实在无能为力，你内心会感到愧疚。

（9）在你从业的零售店铺里，你感到有义务和责任去帮助每一位客人，让他们高

兴和满意。

(10) 你总是能看到别人的优点并欣赏别人。

如果你的总分在 80 分以上，说明你已经有服务意识，相信你一定能够成为一位了不起的服务明星。

如果你的总分为 60～80 分，说明你只要稍加努力，便会成为服务高手。

如果你的总分为 40～60 分，说明你还需要把自己的爱心扩展到更大的范围。

如果你的总分在 40 分以下，说明你需要经过 3 个月的适应性训练，来培养和提高自己的服务意识。

第三节　民航企业各岗位服务人员行为规范

民航是现代服务业的重要组成部分，航空公司、机场等民航企业拥有众多的服务岗位及员工。按照乘坐飞机这个流程来说，涉及的岗位先是地勤人员，包括票务、值机人员、安检人员、贵宾室服务人员、登机口服务人员、护卫等，之后是飞行空勤人员，包括飞行员、空中乘务员、空中机械师等。

空中乘务员主要指在航空公司从事空中服务工作的专业人员，要求有一定英语或其他语种的听说能力，具备一定社交礼仪，了解空防与安全、气象、医疗与急救、客舱服务、民航旅客运输等知识。民航运输与管理人员主要从事航空服务管理，有面向候机楼的各类服务、民航宾馆服务、安全检查以及民航运输、民航商务等岗位，涉及面非常广，需要掌握民航管理、旅客服务心理、载重平衡、国际结算等知识和技能，是在机场、航空公司从事满足企业运营管理和服务需要等工作的专业技术人员。安检人员是在机场、航空公司从事客、货、运安全检查和管理的专业人员，需要具备安检法规、犯罪心理、防火防爆、安检英语、X 光图像识别、民航安全管理、安检设备管理维护等专业知识和技术。此外，大量岗位是体能型的服务类岗位，比如票务代理、配餐、理货、货运、货检等，大多要求由年轻、身体素质好且责任心强的人员担当。

最美民航人

不辱使命，责任当先

——记党的二十大代表、国航飞行总队副总飞行师宋运生

救援于危难之际，冲锋在阵地前沿。作为国航的一名飞行员，工作 35 年来，宋运生早已记不清自己承担过多少急难险重任务，但精湛的飞行技术、过硬的工作作风、担当进取的精神、坚如磐石的意志是他始终不变的品质。

旗帜鲜明讲政治是国航飞行总队的光荣传统。从成立之日起，国航飞行总队就坚

持“听党话、跟党走”，哪里有任务，哪里就有飞行总队人的坚实足迹和忙碌身影。宋运生作为飞行总队骨干，多次承担并圆满完成了抗震救灾、新冠疫苗运输等急难险重任务。

2020 年年初，新冠疫情暴发。时任第一飞行大队大队长的宋运生临危受命，以高效的决策、周密的部署，在 5 个小时内完成机组成员选派和集结准备，并快速将医疗队和医疗物资运抵武汉。此后，宋运生又承担了 7 次驰援武汉任务，为打赢疫情防控阻击战做出了突出贡献。

宋运生带领团队多次承担援助非洲国家的包机任务，以及赴欧洲、南美洲等国家运送防疫物资、医护人员，接回被困同胞等任务。其中，援非包机任务准备时间短、飞越国家多、飞行时间长、运行条件复杂，目的地几乎都是中国民航从未涉足地区，且没有经验可借鉴。鉴于此情况，宋运生提出“一个环节不能缺少、一个措施不能落下、一个细节不能放过”的工作原则，带领机组人员仔细核实飞行计划，逐个区域制定预案，精确掌握每一条航路上的风险点、绕飞限制、通信规则，通过细致、周密的工作，圆满完成了各项任务。

择一事，爱一事，终一生。在党的二十大胜利召开之际，宋运生难掩内心的激动，动情地说：“能当选为党的二十大代表，我感到非常光荣和自豪。这既是对我工作的肯定，更是一种激励和鞭策。我将继续立足岗位实践，增强安全飞行本领，不辱使命，勇毅前行，在新时代新征程上建功立业！”

学生拓展活动

请你收集相关事例，了解民航业对本岗位的礼仪规范有哪些要求。

一、民航企业各岗位服务人员基本行为规范

（1）严格遵守各项规章制度，按时到岗，不迟到，不早退。

（2）上岗前注意检查自己的仪表仪容，注意个人卫生。不得食用大蒜、大葱、韭菜等具有强烈刺激性气味的食物。

（3）工作中坚守岗位。工作间隙不得擅离职岗。

（4）不对过往旅客指指点点、评头论足。

（5）在工作场所遵守工作纪律，不吸烟、嚼食口香糖及其他食品，当班时不看与工作无关的报纸、杂志等。

（6）当班时，不得有剔牙、挖耳、抠鼻等不文雅行为。

二、客舱服务岗位乘务服务人员行为规范

客舱服务人员通常分头等舱乘务员和客舱乘务员。头等舱乘务员主要负责头等舱、驾驶舱的服务以及核对旅客人数等工作；客舱乘务员主要负责厨房和普通舱的旅客服

务工作。其主要行为规范有：

(1) 乘务员当班时，必须按规范穿着工作装。与旅客、领导、同事相遇，应微笑示意、驻足让道、主动问好。

(2) 认真检查机舱相应设备、物品及环境卫生，为旅客营造一个舒心的旅行空间。

(3) 与乘务长一起迎送旅客，姿态规范、微笑待客、音量适中、言语规范。

(4) 为旅客服务时，应主动、热情、耐心、周到、有礼，工作中做到“六勤”，即眼勤、嘴勤、手勤、腿勤、耳勤、心勤。

(5) 针对有特殊需求的旅客，在不逾越民航工作规定的情况下尽量予以满足。

(6) 服从乘务长及主管领导的工作安排。

最美民航人

近一年的客舱服务经历，让某航空公司乘务员王苏受益匪浅，体会深刻：

客舱服务的工作在旁人看来是非常神秘和浪漫的，其中的辛苦只有自己知道。前辈对我说：“每一次的飞行对于我们虽然只是例行的工作，但是对于旅客来说，却是一次难忘的旅行，我们要尽量让他们快乐。”所以不管工作多么辛苦，我都秉承一个信念：让我的旅客感到快乐！可是让旅客感到快乐，并不是一件容易的事情。有人认为，空中乘务员只要按照教科书上的规范程序操作，旅客就无可挑剔了。然而，在我近一年的工作实践中，深感并非如此，只局限于规范化、程序化服务，尽管服务十分规范，有条不紊，也很难使旅客完全满意。客舱服务必须人性化才能真正赢得旅客的心。要让旅客快乐，乘务员不仅要有端庄秀美的仪表和扎实的服务技能，还要有一颗美丽的心灵。要用“心”去服务，才能绽放最真诚、最美丽的笑容，让旅客真正感到快乐！

民航服务人员要热爱祖国、热爱社会主义、热爱党、热爱民航事业，具有高度的工作责任心和全心全意为人民服务的精神，忠于职守，具有良好的工作态度和责任心。在规范服务的同时，应该具备诚实守信的职业道德以及爱岗敬业的职业品格，热爱劳动，体会劳动创造美好生活，尊重普通劳动者，培养勤俭、奋斗、创新、奉献的劳动精神，具备满足生存发展需要的基本劳动能力，形成良好的劳动习惯。

三、地面服务各岗位服务人员行为礼仪规范

(一) 问询员

在工作时问询员的主要行为规范有：

(1) 应站立服务，微笑问好，态度亲切。

(2) 准确掌握航班信息，耐心、细致、礼貌地回答客人的问询。

(3) 对于电话问询，要求做到铃响三声之内接听，问好，并报出部门名称。

(4) 了解航空公司和机场服务的有关内容，及时、准确向客人进行介绍。

(5) 对不正常航班的问询，一定要耐心做好解释工作。

(6) 回答旅客问题时应该表达简明、语气温和、语速适中，注意体态语言的使用。

（二）值机员

值机员主要为旅客办理乘机等相关手续。在工作时其主要行为规范有：

(1) 为旅客办理票务时，必须询问旅客的航班号、目的地、是否托运行李、是否有特殊餐食要求等，注意态度和蔼、言语礼貌。

(2) 接收、发放旅客票证时，一定要用双手，并且向旅客说明航班号、目的地、托运行李件数、登机口、登机时间等。

(3) 严格查验旅客的机票信息，帮助客人选择合适的座位。

(4) 为旅客办理行李托运服务时耐心、细致，不能有不耐烦的表情。

(5) 对旅客有关行李问题的问询，应耐心解释说明。

（三）安检员

安检员是在机场、航空公司从事客、货、运安全检查和管理的专业人员。在工作时安检员的主要行为规范有：

(1) 耐心引导旅客逐个通过安检门。

(2) 对通过安检门时报警的旅客，应引导其重复过门进行检查，或手持金属探测仪或手工进行人身检查，注意言语的礼貌性，不可面露不耐烦的表情。

(3) 手工进行人身检查时应注意由与旅客同性别的安检员进行。

（四）引导员

在工作时引导员的主要行为规范有：

(1) 维持登机、到达旅客秩序时注意礼貌。

(2) 引导旅客登机时，引导员走在第一名旅客前方约 1 米处，引导速度以大多数旅客能跟得上为宜。

(3) 引导过程中应注意自己的体态。

学生拓展活动

通过查阅资料，收集民航服务岗位的优秀服务案例，同学们互相交流，学习其礼仪规范。

岗位礼仪规范：

____。

优秀服务案例：

____

____

____。

学习民航岗位服务规范的体会：

____

____

____。

第二章
民航服务人员仪态礼仪

一个人的礼仪，就是一面照出他肖像的镜子。

学习目标

知识目标

了解民航服务人员仪态礼仪规范要点。

能力目标

1. 掌握正确的站姿、坐姿、蹲姿、步态、服务手势、递接方式，能恰当地展露笑容。

2. 运用握手礼、鞠躬礼、致意礼进行交往和服务。

素养目标

1. 通过结合礼仪体态的训练，发扬求真务实的工匠精神，突出敬业、诚信、友善的社会主义核心价值观。

2. 通过开展以工作情境任务为载体创编礼仪展演动作，引导学生勇于创新，增强奋勇争先、追求进步的责任感和使命感。

如果平时多一个温馨的微笑、一句热情的问候、一个友善的举动、一副真诚的态度；如果留心自己的一言一行，时时处处尊重旅客，理解旅客，言谈举止诚恳、谦和，待人接物得体，必将塑造出完美的民航服务职业形象，成为社会公德的维护者，拥有一个成功的人生。

美国心理学家梅拉比安经过研究，得出结论：人类全部信息的表达＝7%语言＋38%声音＋55%体态语。体态语是指身体状态所表达出来的含义。

第一节　优美的站姿

头正目平要挺胸，立腰收腹脚并拢，双臂下垂莫乱动，优美挺拔站如松。

情境链接

国航标准化训练

国航重庆公司地服登离机服务人员，每日要进行20分钟仪容姿态训练，并穿插培训的服务礼仪案例，从旅客角度分析需要改进的方面。通过培训，大家懂得了什么是标准化、专业化的服务技巧。登离机服务人员每天反复练习、揣摩，并根据公司和个人的情况去提炼、升华。对于登离机服务人员的工作，她们做出了榜样，也代表了所有服务岗位同事愿为旅客真挚服务的决心。

思考·讨论

什么样的站立姿态能给人以自信、乐观、健康的民航职业人形象？

优美的站姿

讲解提示：

并脚跟，“V”字步，膝盖伸直，胯上提；
臀夹紧，收小腹，立腰直背，肩展平；
颈拉长，收下巴，目视前方，气上提。

一、站姿的要求

民航服务人员基本站姿的要求是：男性要体现出刚健、潇洒、英武、强壮的风采；

女性要体现出柔美、轻盈、典雅的优美感。

具体要做到：脚跟并拢，脚尖打开呈“V”字步；双腿伸直，双膝相并；收腹，提臀，立腰，直背，肩胛骨向两侧张开；双肩展平，双臂放于身体两侧；脖子拉长，下巴微收；目视前方，面带微笑。

二、站姿的变化

根据不同服务场合的需要，站姿会有一些变换。女性民航服务人员站立时手臂自然下垂置于腹前，将右手搭于左手上，四指并拢，两手虎口微张交叉。乘务人员在客舱中采用“V”字步站姿（见图 2-1），其他场合可采用“丁”字步站姿（见图 2-2）。男性民航服务人员站立时手臂可自然下垂于体侧（见图 2-3），也可前搭于腹前，五指自然并拢半握拳，左手搭在右手上（见图 2-4），也可手臂后搭（一般在服务中不采用）。当手臂下垂时，采用“V”字步站姿；前搭手时，可采用“V”字步站姿，也可两脚微开，宽度不超过肩宽。

图 2-1　“V”字步站姿

图 2-2　“丁”字步站姿

图 2-3　双臂下垂站姿

图 2-4　前搭手站姿

三、站姿禁忌

在站立的时候，要注意避免身躯歪斜、弯腰驼背、趴伏倚靠、双腿叉开过大、脚位不当、手位不当、半坐半立、浑身乱动等现象。

学生拓展活动

以安检岗位为情境，训练站姿。要求穿着制服练习，每次训练时间可控制在20～30分钟，最好配以轻松舒缓的音乐，以减轻疲劳感。

1. 头顶书本练习：

(1) 颈部自然挺直，下巴微收，上身挺直，目光平视，面带微笑；

(2) 把书本放于头顶正中，使书不要掉下来，头和躯干自然保持平稳；

(3) 可纠正站立整体重心偏低、低头、歪头、晃头、左顾右盼的毛病。

2. 背靠墙练习：

(1) 将后脑、后背、双肩、臀部、小腿后侧及脚跟与墙壁靠紧；

(2) 分别将三个圆形纸团放于脖颈、两肩与墙之间，不要掉下来；

(3) 双腿膝盖伸直；

(4) 可纠正脖颈前伸、含胸扣肩、身体重心偏移的毛病。

3. 对镜练习：

面对镜子，检查自己的站姿及整体形象，发现问题及时纠正。

4. 站姿变换练习：

根据服务情境，采用不同站姿。

◆ 评价

1. 把学生分为旅客组与安检站姿展示组，由旅客组先写出评价项目（即站姿动作要点），经过讨论后，列出评价表格（如表2-1所示）。

表2-1 评价项目

头正	脖颈挺直	挺胸	立腰	收腹	夹臀	立髋	腿直	脚平	微笑、目光

2. 展示组练习站姿5分钟后，旅客组评价。分为3分、2分、1分三档，3分为规范，2分为基本合格，1分为有一些瑕疵。

总计30分为优秀，奖励一枚。

第二节 端庄的坐姿

入座轻稳莫含胸，腿脚姿势需庄重，双手摆放要自然，安详端庄坐如钟。

情境链接

被“抖掉”的合同

有一位商人去洽谈业务，洽谈已进行了好几次。最后一次洽谈之前，他曾对朋友说：“这是我最后一次去洽谈了，我要跟他们的最高领导谈，谈得好，就可以拍板定下来了。”过了两个星期，朋友问：“谈成了吗？”他说：“没谈成。”朋友问其原因，他回答：“对方很有诚意，洽谈也进行得很顺利，就是坐在我对面跟我谈判的这个领导，当他跟我谈判时，不时地抖着他的双腿，我觉得还没有跟他合作，我的财就都被他抖掉了。”

思考·讨论

除了不要抖动腿以外，坐姿还要注意什么？规范的坐姿应该是什么样的？

端庄的坐姿

讲解提示：

脚撤步，手抚裙，同时下坐，脚收回；

九十度，要牢记，立腰直背，端庄美。

一、入座和离座的礼仪细节

服务人员不能随意坐下和起身离开，需要注意一些礼仪方面的细节。

在入座时，应在客人、尊者之后，并坐在适当之处、合礼之处；不要过于突然，最好先致意再行动，并且要轻声，不要发出过大的声响；在入座人数较多时，为了避免拥挤，最好从椅子的左侧入座；在坐的同时，要动作优雅，尽量避免弯腰撅臀，又抻又拽，应先坐下再调整。

在准备起身时，也要注意在他人之后；如果有必要，要向他人示意；动作要轻缓，根据实际情况，最好从椅子的左侧离开；离开时不要过于突然和匆忙，应先站好再走。

入座时要后撤一小步，轻缓从容入座，女士同时要用右手轻抚后裙摆；离座起立时，双脚或右脚先向后收半步，然后站起。

二、坐姿的基本要求

头部端正、两肩放平、立腰、收腹、上体自然挺直。坐下后头部端正，双肩展平，立腰，收腹，上体自然挺直；女士双膝并拢（见图 2-5），男士双膝微开（见图 2-6）；整体姿态呈现三个 90 度：分别是脚掌与小腿、小腿与大腿、大腿与上身；双臂自然下垂，男士双手平放或半握拳放于大腿上，女士双手叠放于腿上；最好坐椅子前三分之二的位置。

三、坐姿的变换

正式场合采用基本坐姿。根据实际场合的不同，坐姿也可有一些变换。以女性为例，较为正式的有开关式（见图 2-7）、点式（见图 2-8）、挂式（见图 2-9）等，还有休闲坐姿双腿重叠式，但上岗期间不采用此种坐姿。

图 2-5 女士基本坐姿

图 2-6 男士基本坐姿

图 2-7 开关式坐姿

图 2-8 点式坐姿

图 2-9 挂式坐姿

四、坐姿禁忌

避免出现的坐姿有：男士双腿叉开过大；女士双膝分开；双腿直伸出去；架腿方式欠妥；腿部抖动摇晃；以脚蹬踏他物；脚尖指向他人；双脚纠缠座位下方部位；坐时上身向前、趴伏或倚靠椅背；手抱在腿上或夹在腿间。

学生拓展活动

结合民航问询柜台、值机柜台工作情境练习坐姿。

1. 训练坐姿：入座—坐—离座。

2. 头顶书本坐姿练习：

(1) 请学生入座，每人头顶放一本书。

(2) 要求上体正直，颈部挺直，双目平视前方，面带微笑。

(3) 保证书本不会滑落。

(4) 训练时间为 10～20 分钟，可配上轻缓的音乐。

3. 对照镜子练习：按照坐姿的规范进行自我纠正。

4. 不同坐姿变换训练。

评价

1. 模拟票务柜台服务练习离座、站姿、入座、坐姿四个环节。学生分为旅客组与售票组，练习后，由旅客组对售票组进行评价。

2. 以 4～5 人小组的形式进行展示：入座—坐—离座，由学生互相评价，每组评出一位坐姿最规范者，奖励一枚。

第三节　美观的蹲姿

蹲姿用在合理处，下蹲美观和优雅，蹲时莫要撅臀部，女士还要有遮掩。

工作情境任务

飞机起飞后，乘务员在客舱内巡视乘客是否系好了安全带，这时她发现靠近一名女乘客座椅旁的地上有一条漂亮的丝巾……

若你是乘务员，请你帮助乘客捡起落在地上的丝巾，并还给乘客。

思考·讨论

完成“工作情境任务”时，同学的蹲姿动作是否规范？在民航服务过程中采用蹲姿动作应注意什么？

美观的蹲姿

讲解提示：

后撤脚，轻抚裙，同时下蹲，手搭膝；
臂放松，腰立直，身体轻盈，稳重心。

一、蹲姿的方式

蹲姿有很多种方式，如高低式、交叉式、半蹲式、半跪式等，在服务中，最常用的是高低式蹲姿，这也是基本蹲姿（见图2-10）。

二、基本蹲姿的动作方法

蹲姿动作要优雅、美观，下蹲时右脚先后撤一步，女士着裙装时，手背轻抚裙摆再蹲下；下蹲后保持上体挺拔，神情自然，掌握好身体的重心；女士两腿夹紧，双手叠放在高的那条腿上（见图2-11），男士两腿微张，双手平放在两腿上（见图2-12）；蹲的方向最好稍侧身一些；起身时，身体要轻盈，女士着裙装要轻抚裙摆，站好再继续行走。

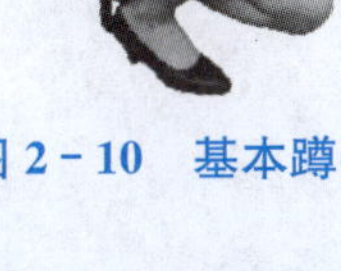

图2-10　基本蹲姿

图2-11　女士蹲姿

图2-12　男士蹲姿

三、蹲姿的注意事项

下蹲时注意不要过于突然，位置也不要距人过近，否则可能会造成旅客不安；下蹲时不要方位失当，直接面对着旅客会不太礼貌。另外，女士下蹲，除了方位上注意要侧对他人以外，还应用一只手轻按领口部位，不要毫无遮掩，以免走光。

在民航服务过程中，不要随意滥用蹲姿，以免给人做作的印象，但与年幼旅客交谈时要采用蹲姿。工作、生活中更不要蹲在不符合礼仪的位置，如椅子上、马路边等，严禁蹲着休息。

学生拓展活动

结合工作情境训练蹲姿。

（1）为无人陪伴的小旅客系鞋带；

（2）旅客的行李箱突然损坏，帮助旅客查看行李箱破损情况；

（3）在客舱与无人陪伴的旅客交谈；

（4）在客舱为旅客整理座椅下的物品。

◆ 评价

学生分为旅客组和服务组进行练习，各组轮流设计服务情境，练习蹲姿，组间互相评价。评价内容为蹲姿动作的规范性、连贯性和优美性，都做到的，奖励一枚。

第四节　流畅的步态

头正立腰挺起胸，步位步履要适中，目光平视莫环顾，稳健自如行如风。

工作情境任务

1. 机场配载员手拿资料，从廊桥走至值班办公室。

2. 一位老年旅客行动不便，又没有陪同人员，刚进行完安检要走到登机口处，你作为机场服务人员正好经过，应该怎么做？

思考·讨论

完成“工作情境任务”的同学步态优美吗？步态除了美观性，还应注意什么？第二个情境中机场服务人员怎么做才能展示民航工作人员的服务意识？

流畅的步态

讲解提示：

前进步，脚向前，双臂伸直，自然摆；
后退步，两三步，转身留头，示尊重；
引导步，左前方，转弯让行，这边请。

步态可以体现一个人的精神面貌，女性步态以轻松、敏捷、健美为好，男性步态要求协调、稳健、庄重、刚毅。

一、标准步态

（1）步姿自然。

上体正直，稍向前倾，两肩放平，挺胸收腹，两手前后自然摆动。

（2）步位要直。

女士迈步时，两脚的内侧宜踩在一条直线上，即所谓“一字步”“柳叶步”；男士迈步时，两脚脚跟应在一条直线上，脚尖可适当分开，即所谓“平行步”。

（3）步速适中。

步速应自然舒缓，显得成熟自信。一般而言，男士每分钟步速为108～110步，女士每分钟步速为118～120步。

（4）步幅适度。

跨步均匀，两脚间的距离为一只脚脚长的1～1.5倍。

二、步态种类及注意事项

在不同的场合和地点，行走会有一些细微的差别。

（一）后退步

与人告别时，应当先后退两三步，再转身离去。退步时脚轻擦地面，步幅要小，先转身后转头。

（二）引导步

引导步是用于走在前边给宾客带路的步态。引导时要尽可能走在宾客左侧前方，整个身体在行进中不时稍半转向宾客方向，保持两步的距离。遇到上下楼梯，拐弯、进门时，要用手势示意，并运用语言提示客人。

（三）前行转身步

在前行中要拐弯时，要在距离所转方向远侧的一脚落地后，立即以该脚掌为轴，转过全身，然后迈出另一脚。即向左拐，要右脚在前时转身；向右拐，要左脚在前时转身。

（四）搀扶帮助步态

在民航服务过程中，经常会用到搀扶帮助服务。服务时先要选准对象，确认对方确实需要搀扶；其次，搀扶的方法得当，即一只手臂穿过对方的腋下，架着其胳膊，再以另一只手扶在其小臂上，用力之处主要是穿过对方腋下的那只手臂。步速要适中，如果路途较长，要稍事休息。

三、步态禁忌

(1) 身体乱摇乱摆，晃肩、扭臀；方向不定，到处张望。

(2) 以“外八字”或“内八字”迈步。

(3) 步子太快或太慢；重心向后，脚步拖拉。

(4) 多人行走时，勾肩搭背，大呼小叫。

(5) 弓腰驼背行走。

(6) 行走时只摆小臂。

(7) 脚蹭地行走。

学生拓展活动

1. 行走辅助训练。

(1) 摆臂。人直立，保持基本站姿。两手呈半握拳状，由大臂带动小臂。

(2) 展膝。保持基本站姿，左脚跟起踵，脚尖不离地面，左脚跟落下时，右脚跟同时起踵，两脚交替进行，脚跟提起的腿屈膝，另一条腿膝部内侧用力绷直。做此动作时，两膝靠拢，内侧摩擦运动。

(3) 平衡。行走时，在头上放个小垫子或书本，用左右手轮流扶住，在能够掌握平衡之后，再放下手进行练习，注意保持物品不掉下来。通过训练，达到背脊、脖子竖直，上半身不随便摇晃。

2. 迈步分解动作练习。

(1) 保持基本站姿，双手叉腰，左腿擦地前点地，与右脚相距一个脚长，右腿挺直蹬地，髋关节迅速前移重心，成右后点地，然后换方向练习。

(2) 保持基本站姿，两臂在体侧自然下垂。左腿前点地时，左臂向后斜摆，右腿蹬地，重心前移，成右后点地，手臂位置不变，然后换方向练习。

3. 行走连续动作训练。

(1) 左腿屈膝，向上抬起，提腿向正前方迈出，脚跟先落地，经脚心、前脚掌至全脚落地，同时右脚后跟向上慢慢垫起，身体重心移向左腿。

(2) 换右腿屈膝，经过与左腿膝盖内侧摩擦向上抬起，勾脚迈出，脚跟先着地，落在左脚前方，两脚间相隔一脚长的距离。

(3) 迈左腿时，右臂在前；迈右腿时，左臂在前。

(4) 将以上动作连贯运用，反复练习。

4. 配合服务工作场景训练步态。

(1) 值机员为值班经理递送工作票据后，后退步转身离开。

(2) 机场安全巡查员在候机楼中巡查。

(3) 分别引导老年人、中年男士、中年女士、儿童等不同类型的旅客，前行、左右转弯等引导步行进。

◆ 评价

模拟机场候机楼引导旅客工作情境。学生分为旅客组和演示组。

演示组分别做标准步态、服务步态展示，旅客组根据步态形象优雅程度选出行走明星，奖励一枚。

第五节 手势与指示方向

手势动作表心声，各种规矩要分清，掌心向上示尊重，准确自然有真情。

情境链接

数人数

有一天，一位导游带领来自英国的外宾团准备出发去景点参观。在上旅行车前清点人数时，这位导游开始手心向下，用食指边点人边数“1、2、3……”。

思考·讨论

这位导游数人数的手势正确吗？正确的手势应该是什么样的？

手是传情达意的最有力的手段，正确适当地运用手势，可以增强感情的表达。手势是民航服务工作中必不可少的一种体态语言，手势语的运用是大有学问的。

一、手势语

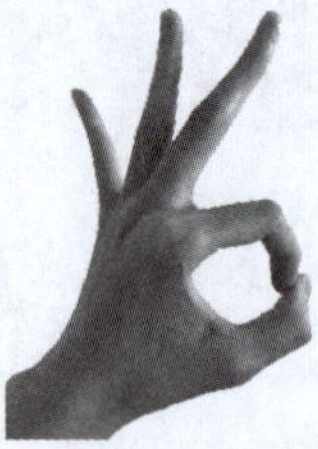

图 2－13 “OK”手势

手及手臂的动作比较直观，在举止中起着举足轻重的作用。在生活中，不同的手势会有不同的含义。在民航服务过程中，民航服务人员对不同国家和地区的旅客使用手势时，要注意同一手势在不同地域的含义，遵循民航礼仪的原则。

（一）“OK”手势

“OK”手势（见图 2－13），在美国表示“同意、顺利、很好”；在中国表示“好的”，还表示数字“0”或“3”；在印度表示的含义是“正确”；在法国表示“微不足道”或“一钱不值”；在日本、缅甸、韩国等表示“金钱”；在印度尼西亚则表示“什么也干不了，什么也没有”以及“不成功”；在泰国表示“没问题”；而在巴西、希腊和意大利的撒丁岛，这是一种令人厌恶的污秽手势；在马耳他代表的是一句无声而恶毒的骂人语。

（二）跷起大拇指

跷起大拇指（见图 2－14），在中国是个经典手势，表示称赞、夸奖、了不起；在美国和欧洲部分地区，表示要搭车；在德国、意大利表示数字“1”；在日本则表示数字“5”和“老爷子”；在澳大利亚这是一个不文明的手势。

在与别人谈话时将拇指跷起来反向指向第三者，是对其的嘲讽。在民航服务中一定要注意避免使用这个手势。

（三）“V”字形手势

“V”字形手势（见图 2－15）通常表示“胜利”“成功”；在亚非国家，“V”字形手势一般表示两件事或两个东西。但是，使用时要注意手掌的方向，如果掌心向内，就变成骂人的手势了。

（四）鼓掌

鼓掌是用以表示欢迎、祝贺、支持的一种手势，多用于会议、演出、比赛或迎接嘉宾。其做法是：右手掌心向下，以右手四指有节奏地拍击掌心向上的左手手掌部位（见图 2－16）。必要时，应起身站立鼓掌。

图 2－14 跷起大拇指

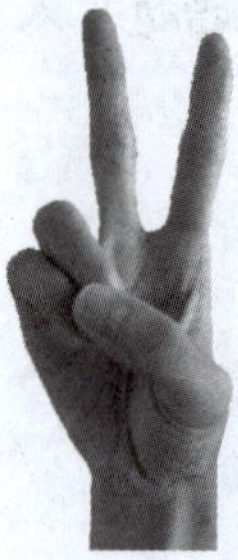

图 2－15 “V”字形手势

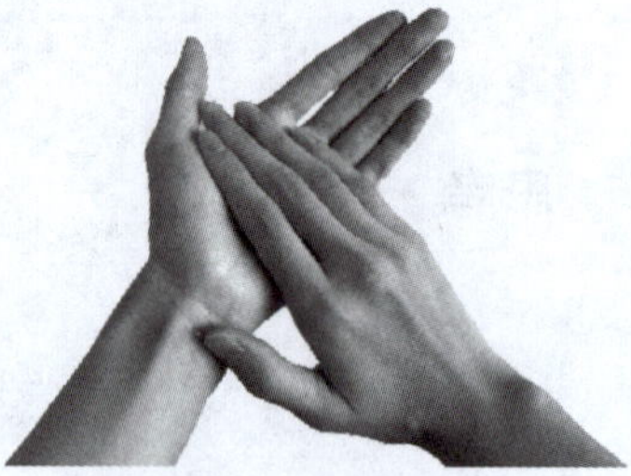

图 2－16 鼓掌

二、民航服务常用手势

工作情境任务

我国举办夏季奥运会期间，机场根据实际需要，安排了“奥运服务大使”这一服务岗位，来迎候来自四面八方的旅客，并提供相关的引导、问询服务。这时，有一位老年旅客要办理国际中转手续，你作为奥运服务大使，请引导旅客前行 10 米—拐弯—前行 10 米至中转柜台。

思考・讨论

在完成“工作情境任务”时，同学演示的引导动作标准吗？引导时，手势应注意什么？

服务手势

讲解提示：

横摆式、直臂式，远近不同，手并拢；
斜摆式、曲臂式，眼随手动，微欠身。

手势是民航服务时不可缺少的动作，是最有表现力的体态语言。在工作中，人们常常忽略手势礼仪，因一个小动作而失礼，暴露出自己礼仪修养的不足。其中最常用的举手示意手势就常被不规范使用，显得对人有失敬意。在引路、指示方向时，应五指并拢，掌心斜向上 45°指示方向，小臂带动大臂，身体随着手的方向自然转动。一般情况下，视线顺序依次是旅客的眼睛—指示物或所指方向—旅客的眼睛，以确定旅客理解与否。在做手势动作的同时，应配合眼神、表情和其他姿态，这样才显得大方、得体、自然。有的服务人员在服务过程中，表现出的手势运用不规范、不明确，动作不协调，寓意含混等，会给旅客留下漫不经心、不认真、不专业、素质不高等印象。

服务手势可分为：

（1）横摆式手势（见图 2 - 17）：适用于引导、指引物品、指引较近的距离。

（2）直臂式手势（见图 2 - 18）：适用于引导、指引较远一些的距离。

（3）曲臂式手势（见图 2 - 19）：适用于引导，有时可一只手持物品或扶门，另外一只手进行引导。

（4）斜摆式手势（见图 2 - 20）：多在请人入座时采用。

图 2 - 17　横摆式手势

图 2 - 18　直臂式手势

图 2 - 19　曲臂式手势

图 2 - 20　斜摆式手势

三、手势使用的注意事项

（1）注意区域性差异。

在不同国家、不同地区、不同民族，由于文化习俗的不同，手势的含意也有很多差别，甚至同一手势表达的意思也不相同。所以，只有了解手势表达的意思，才不至于惹出麻烦。

(2) 手势不宜过多，动作幅度不宜过大。

在运用手势时，切忌“指手画脚”和“手舞足蹈”，这样会给人烦躁不安、心神不定的感觉，甚至给人轻佻感。在与人交谈时，如果反复摆弄自己的手指，如活动关节，甚至发出“嘎、嘎”的声响，或者手指动来动去，都会给人以不舒服的感觉。

(3) 注意手势的速度和高度。

手势过快，会给人带来紧张感；手势过高，超过了头顶，有失端庄大方的仪态，手势最高不能超过耳朵。

(4) 手势一定要自然、协调。

手势使用不当，会给人僵硬、做作的感觉，一定要做到自然、协调、美观。在从事服务工作时，若是将一只手或双手插放在自己的口袋之中，不论姿势是否优雅，通常都是不允许的。

(5) 用手示意时别用指头指，应用手掌。

正确的示意手势应该是除拇指外四指合拢，伸出手掌用指尖所指的方向示意，而不能直接伸出食指，用一个指头进行指示。尤其是在相互介绍的场合，最忌讳用一个指头指着人向第三方介绍。假如用手指直接指向对方就更加不礼貌，甚至会引起对方的反感。此外，一些人习惯用手中正在使用的笔指点对方或做示意，这也不符合礼仪规范。

学生拓展活动

1. 结合学校宣布班级获奖、欢迎班级来宾的情境，练习鼓掌的动作：

(1) 体会手部动作；

(2) 按节奏鼓掌。

2. 结合坐姿动作规范，两人一组练习斜摆式手势动作：

要求手、表情、语言配合协调、自然大方。

3. 原地服务手势动作训练：

向学生提问方位，训练学生运用横摆式手势、直臂式手势指示方位并回答。

4. 行进引导手势动作训练：

结合步态，训练学生引导嘉宾前行、转弯、上下楼梯、进出房门。

5. 民航工作情境训练：

学生分为两组，即旅客组与服务组，服务组运用四种服务手势为旅客组进行服务。

(1) 在机场贵宾候机室，你作为服务人员，引导旅客入座；登机时间到了，引导旅客登机，并为其开门。

(2) 分别为问询的老年人、中年男士、中年女士、儿童等不同类型的旅客做引导，引导旅客前行、转弯、上下楼梯等。

◆ 评价

根据民航工作情境，由旅客组对服务组进行服务引导手势评价，并评选出服务明星。评价项目见表 2-2。

表 2-2　评价项目

动作规范	指引准确	方式正确	语言到位	表情自然	服务主动

每项分 3 分、2 分、1 分三个等级，3 分为优秀，2 分为一般，1 分为有瑕疵。总计 18 分为服务明星，奖励一枚。

最美民航人

民航人手磨老茧，辛勤耕耘不平凡

——记党的二十大代表、贵州贵阳龙洞堡国际机场安全检查站第三党支部专职副书记罗晶晶

国庆假期，罗晶晶穿着一身专业、整洁的工装，在安检 X 光机工作台前专注指导着安检员进行操作。这身行头是她工作多年的“标配”，也见证了她在民航安检专业领域的付出和努力。入职贵州贵阳龙洞堡国际机场工作以来，她在旅客安全检查这个平凡的岗位上一干就是 13 年，参与过党的十九大、中华人民共和国成立 70 周年、生态文明国际论坛、中国国际大数据产业博览会、接运贵州驰援武汉医疗队等重大保障任务。

为了练就一身好本领，她全力钻研 X 光机检查、证件检查、人身检查、开箱包检查等安检业务技能；为了不断提高人身检查技能的熟练程度，减少旅客等候时间，她见到谁就“抓”谁当模特；为了提高开箱包检查水平，她不知拉坏了多少个箱子，手被箱角划出了一个个口子，手指磨出了一层层老茧。同一个动作别人练三遍五遍，她会主动练上十遍二十遍。到了航班运行间隙，她就“黏”在 X 光机前研究图像，一遍又一遍地过检违禁品，翻来覆去地看 X 光机各个角度的成像，一次又一次地研究如何快速识别各类违禁品。以至于生活中随便看到一个物品，她都能条件反射式地在脑海中形成 X 光机图片。辛勤耕耘练就了“火眼金睛”。在任验证员时，她顷刻之间便能识别旅客使用证件的真伪；在任 X 光机操作员时，旅客携带的违禁品从未从她的眼前溜走；在任质量控制部质量控制员时，她所拦截的违禁品不胜枚举。罗晶晶用踏实的工作业绩证明了持之以恒把平凡的事情做好就是不平凡。

安检工作的特点决定了这个岗位工作难度较大，有时不容易让旅客理解和接受。对此，罗晶晶有自己的见解：“在日常工作中，部分旅客不理解、不支持、不配合安全

检查。作为安检员，除了要选择忍让和坚守，还要具备冷静分析的能力，掌握一定的服务技巧，灵活地处理问题。实际上，工作中一句简单的问候、一个温馨的提示、一次主动的引导、一抹热情的微笑、一处细微的关怀，可能就是这么一个小小的举动，就能打动旅客的心。”

第六节 递接物品

递接物品用双手，文字正反记心头，尖头利角需注意，礼貌用语要随口。

工作情境任务

每四名学生为一小组，两名演示在客机机舱、机场餐厅、机场服务大厅等不同场景为旅客递送表格、证件、饮品等服务，另两名认真观察，总结出递接物品动作礼仪规范要点。

思考·讨论

各小组讨论并交流心得，总结出递接物品规范，取长补短。

递接物品

讲解提示：

递物者，语先行，尖刃向内，字向外；
接物者，应起身，双手接过，表感谢。

图 2 - 21　递接物品

在递接物品时应注意以双手为宜，见图 2 - 21。在工作中，所有物品都要轻拿轻放。

一、递物

（1）面带微笑，目视对方，递于对方手中，同时轻声说：“请您拿好。”

（2）递物品时要考虑方便对方接拿。贵宾休息室服务敬茶时应右手扶住杯身，左手托住杯底，双手敬上，杯耳朝向客人的右前方，方便对方接拿，一般将茶杯放在客人右手边；递送文字性材料时，字应朝向接收人；递送名片要把握好时机，除了注意字要朝向对方以外，还应双手递送；递送有尖、刃的物品，应注意安全，将尖、刃向内，递笔时笔尖不可以指向对方。

二、接物

（1）接收人应主动上前，双手接过，并道谢。

（2）接收名片后，应认真阅读一遍，态度毕恭毕敬，使旅客感到你对此名片感兴趣，还可就名片上的某问题当面请教。看过名片后，千万不可随意乱放，要仔细把名片放在口袋或名片夹里，以示对对方的尊重。接过名片后，如自己有名片，可马上送上，若没有带，可向对方说明，并主动自我介绍。

学生拓展活动

递接物品动作训练，两人一组。

1. 无实物递接动作。

递送的一方：立正站好，双手端正举起于腹部高度，掌心朝上，五指并拢，用力均匀，做到轻而稳。保持微笑，目视对方，上体微向前倾，递送出物品的同时轻声说：“请您拿好。”

接收的一方：立正站好或起身，保持微笑，目视对方，双手接过物品的同时轻声说“谢谢您”，收好物品。

2. 实物递接动作。

使用名片、茶杯、笔等实物练习。重点体会不同物品递接动作的区别。

3. 分不同角色模拟练习，如男士向女士递送文件、下级向上级递送文件、晚辈向长辈递送文件等。如果角色发生变化，如上级向下级颁发奖状、长辈向晚辈递一支笔等，该如何递接?

4. 情境模拟练习。

（1）模拟值机柜台，办理登机手续，服务人员向旅客递送登机牌。

（2）机场贵宾休息室，服务人员为旅客倒水，并给旅客递送水杯。

◆ 评价

设计工作情境，两人一组练习递接物品，其他同学评价。从递接不同物品时的身体动作、面部表情、语言表述、递接方式四个方面评价，评价项目见表 2-3。

表 2-3 评价项目

递接物品	递				接			
	身体动作	面部表情	语言表述	递接方式	身体动作	面部表情	语言表述	递接方式
登机牌								
名片								
茶杯								
笔								

每项分 3 分、2 分、1 分三个等级，3 分为优秀，2 分为一般，1 分为有瑕疵。总计 24 分为满分，20 分以上奖励  一枚。

第七节 握手

握手含义有很多，各项礼规莫搞错，优雅大方要适度，互致问候暖心窝。

情境链接

尴尬的握手

刘强是某单位的经理，有一天，他被邀请参加一场晚宴，此次晚宴规格高，聚集了职场上的许多成功人士。在宴会上，刘强被朋友介绍给一位女士。为了表示友好，他先把手伸了出去，可是那位女士居然没有反应，还在与一旁的朋友说说笑笑。刘强非常尴尬，觉得手不能缩回去了，可撑了大概 20 秒，那位女士还是不配合，后来他一着急说：“蚊子！”转手去打莫须有的蚊子。这种场面让周围的人都不禁捏了把冷汗，刘强满脸通红地离开了。

思考·讨论

讨论一下，为什么会出现那样的尴尬场面？握手有哪些礼仪规范呢？

握手

讲解提示：

伸右手，微欠身，两手相握，两三下；
分场合，看顺序，主客高低，伴问候。

握手是大多数国家中人们相互见面和离别时的礼节，它可以说是世界上最通用的礼节。看似简单的握手，却蕴含着复杂的礼仪细节，承载着丰富的交际信息。

一、握手的场合

（1）遇到较长时间没见面的熟人；
（2）在比较正式的场合和认识的人道别；
（3）在以本人作为东道主的社交场合，迎接或送别来访者时；
（4）拜访他人后，见面和辞行的时候；
（5）被介绍给不认识的人时；
（6）在社交场合，偶然遇上亲朋故旧或上司时；
（7）别人给予自己一定的支持、鼓励或帮助时；
（8）表示感谢、恭喜、祝贺时；
（9）对别人表示理解、支持、肯定时；
（10）在别人患病、失恋、失业、降职或遭受其他挫折时向其表示安慰；
（11）赠送礼品或颁发奖品时。

二、握手动作规范

情境链接

我接触过的手，虽然无言，却极富有表现性。有的人握手能拒人千里之外，我握着他们冷冰冰的手指，就像和凛冽的北风握手一样。而有些人的手充满阳光，握着他们的手，感觉温暖。

——美国聋盲女作家　海伦·凯勒

思考·讨论

怎么样握手才能让对方感受到你的温暖和热情？

（一）姿势

握手应用右手，四指并拢，手掌与地面垂直，拇指伸开，掌心向内，手的高度大致与对方腰部上方持平，与对方保持一步左右的距离，两足立正，上身略微前倾，注视对方，面带微笑，轻轻上下摇动3～4下。见图2-22。

图2-22 握手姿势

（二）时间

初次见面者，握手时间一般控制在3～5秒钟；老朋友见面时，握手时间可以稍长一点，但是不要超过20秒钟。

（三）力度

握手力度要适中，稍微使点劲，以表热情，不宜过大、过轻。力度过大，会给对方带来不适感；力度过轻，会给人高傲、冷淡的感觉。

三、握手的顺序

在双方有必要握手时，握手的顺序可依如下原则而定：

(1)“尊者决定”原则。

年长者与年幼者握手，应由年长者先伸出手来。长辈与晚辈握手，应由长辈先伸出手来。老师与学生握手，应由老师先伸出手来。

(2)“女士优先”原则。

女士与男士握手，应由女士先伸出手来。

(3)“已婚主动”原则。

已婚者与未婚者握手，应由已婚者先伸出手来。

(4)“职位、身份高”原则。

职位、身份高者与职位、身份低者握手，应由职位、身份高者先伸出手来。

(5)“顺时针”原则。

如果在餐桌上，或围坐在大厅时，可以按顺时针方向握手。

(6)“主客迎送”原则。

迎客时，由主人先伸手握手；送客时，应由客人先伸出手来。同是客人，应由先至的客人先伸手与后到的客人握手。

（7）“由高到低”和“由近及远”原则。

在集体握手中，会出现一人与多人握手的情况：东道主一方主动伸手握手，握手的顺序应从客人一方的上级至下级、从年纪大至岁数小或由近及远。

当然，在实际生活和工作中，会出现角色交织的情况，这个时候谁先伸手才符合礼仪规范呢？一定记住要分场合！在正式场合和休闲场合，分清以什么角色为主是很重要的。

四、握手忌讳

（1）忌心不在焉。在握手时，千万不可表情呆板、不说话、眼神呆滞、心不在焉。

（2）男士与女士握手忌直插虎口处，忌双握式。

（3）忌伸出左手。除特殊情况，握手一定要用右手。若右手脏不宜握手，宁可说明情况不握手，也不要用左手相握。

（4）忌戴着手套。与对方握手时，一定要摘掉手套，以表尊敬，但是女士装饰性、与服装相配的手套除外。

（5）忌交叉握手。在国际交往中，尤其是与西方人握手时，应力戒此举，它被视为不吉利。

（6）注意民族习俗、宗教信仰。

学生拓展活动

学生两人一组练习握手。

1. 握手分解动作：相对站立—跨上一步—伸出右手—握手—微笑并问候。

2. 握手连贯动作。

3. 分角色握手。把不同角色身份写在纸条上，由学生随机抽取，根据角色训练。

当上级与下级相见、年长者与年幼者相见、长辈与晚辈相见、女士与男士相见、已婚者与未婚者相见、客人先至者与后来者相见、主人与客人见面（来访时与离去）、一人与多人相见需要握手时，如何握手？

4. 分场合、分角色握手。在前一张纸条的基础上，由教师设定不同的情境，由学生快速判断，进行握手训练。

◆ 评价

两人一组，互相评价。学生设计场合，从理性（动作、伸手顺序、面部表情、语言）和感性（热情、真诚）两个角度进行评价。分为 1、2、3 三个等级，3 为完美级。

第八节　介绍

介绍自我和他人，态度大方和自然，动作规范助交往，介绍顺序是关键。

工作情境任务

你陪同上司外出时，遇见你的老同学，同学与你打招呼。请你为上司和你的同学做介绍。

思考·讨论

做情境演示的同学介绍的效果如何？介绍时应该注意哪些方面？

介绍

讲解提示：

介绍礼，分时机，初次相识，语谦恭；
中间人，遵规范，尊者优先，知对方；
被介绍，应起立，握手致意，带笑容。

介绍分为两种形式：自我介绍和他人介绍。

一、自我介绍

在民航工作中，如需要处理旅客相关事务，当时又无人引见，可向对方自报家门，将自己介绍给对方。如果有介绍人在场，自我介绍则被视为不礼貌。

（一）自我介绍的时机

（1）应聘求职时；

（2）应试求学时；

（3）在社交场合，与不相识者相处时；

（4）在社交场合，有不相识者表现出对自己感兴趣时；

（5）在社交场合，有不相识者要求自己作自我介绍时；

（6）在公共聚会上，与身边的陌生人组成交际圈时；

（7）在公共聚会上，打算介入陌生人组成的交际圈时；

（8）交往对象因为健忘而记不清自己，或担心这种情况可能出现时；

（9）有求于人，而对方对自己不甚了解，或一无所知时；

（10）拜访熟人遇到不相识者挡驾，或是对方不在，而需要请不相识者代为转告时；

（11）前往陌生单位，进行业务联系时；

（12）在出差、旅行途中，与他人不期而遇，并且有必要与之临时接触时；

（13）因业务需要，在公共场合进行业务推广时；

（14）初次利用大众传媒向社会公众进行推荐、宣传时。

自我介绍时应先向对方点头致意，得到回应后再向对方介绍自己的姓名、身份、单位等。

（二）自我介绍的具体形式

（1）应酬式。

适用于某些公共场合和一般性的社交场合，这种自我介绍最为简洁，往往只包括姓名一项即可。

（2）工作式。

适用于工作场合，介绍的内容包括本人姓名、供职单位及其部门、职务或从事的具体工作等。这种形式，在民航服务工作过程中经常使用。

（3）交流式。

适用于社交活动中希望与交往对象进一步交流与沟通。介绍的内容大体包括介绍者的姓名、工作、籍贯、学历、兴趣及与交往对象的某些熟人的关系。

（4）礼仪式。

适用于讲座、报告、演出、庆典、仪式等一些正规而隆重的场合。介绍的内容包括姓名、单位、职务等，同时还应加入适当的谦辞、敬辞。

（5）问答式。

适用于应试、应聘和公务交往。问答式的自我介绍，应该是有问必答，问什么就答什么。

（三）自我介绍的时间

一般性自我介绍，时间可以短至几秒，最好不要超过半分钟；面试介绍不超过三分钟。

（四）自我介绍的态度

进行自我介绍，态度一定要自然、友善、亲切、随和。应落落大方、彬彬有礼，既不能扭扭捏捏，又不能虚张声势、轻浮夸张。语气要自然正常，语速要适当，语音要清晰。进行自我介绍要实事求是、真实可信，不可自吹自擂、夸大其词。

二、他人介绍

作为介绍人要明确：被介绍双方互不相识，有进一步交往的意向。

(一) 为他人介绍的时机

遇到下列情况，有必要为他人进行介绍：

(1) 与家人外出，路遇家人不相识的同事或朋友；

(2) 陪同上司、长者、来宾时，遇见了其不相识的人士，而对方又跟自己打了招呼；

(3) 在家中或办公地点，接待彼此不相识的客人或来访者；

(4) 打算推荐某人加入某一方面的交际圈；

(5) 受到为他人作介绍的邀请；

(6) 陪同亲友前去拜访亲友不相识者。

(二) 介绍顺序

作为中间介绍人，介绍双方的顺序是有礼仪规范的，否则会导致双方心理上的不愉快，甚至影响到进一步交往。介绍的顺序要遵循“尊者有优先知情权”原则。

介绍时，应先把男士介绍给女士，晚辈介绍给长辈，职位低的人介绍给职位高的人，主人介绍给客人；同是客人，先介绍晚到者给早来者；集体介绍时，先为对方介绍集体中职位最高的，再按职位高低依次介绍，或先介绍距离介绍人位置较近的，再依次介绍距离较远的。

(三) 谁做介绍人

如果是家庭聚会，多由女主人做介绍人。正式场合，由秘书、公关人员或来访对象的对口人员作为中间介绍人。

(四) 介绍姿态

介绍人身体挺直站立于被介绍人中间，掌心向上，四指并拢，大拇指微张，指向被介绍一方，面带微笑，见图 2-23。

图 2-23 介绍他人的姿态

（五）介绍方式

介绍方式可分为社交式、公务式、简略式等。

（六）被介绍者表现

应起立示意，目视对方，面带微笑，同时可握手或致意，边行礼边使用“您好”“认识您很高兴”等礼貌用语。

学生拓展活动

1. 每人准备一份 100 字左右的自我介绍材料，面向全班同学，进行自我介绍。要求身体姿态大方、自然，声音洪亮，内容得体。

2. 学生分为三人一组，结合握手的动作，轮流练习同学间他人介绍。要求介绍人动作规范、大方，口齿清晰，内容准确；被介绍双方大方、友好，握手问候符合礼仪规范。

3. 情境练习：把下面五个情境分别写在五张纸条上，学生随机抽取，做介绍训练，角色互换。

情境一：你与长辈外出，路遇你的朋友，而长辈不相识。请你来为他们做介绍。

情境二：你陪同上司领导，遇见你的老同学，同学与你打了招呼。请你为他们做介绍。

情境三：在聚会场合，你作为主办者，为互不相识的男、女来宾做介绍。

情境四：朋友到家拜访，请你为他（她）与你的姐姐（哥哥）做介绍。

情境五：参观团到访你的公司，你作为接待人员为参观团与本公司经理做介绍。（两组学生联合训练）

◆ 评价

加强训练。在学生练习情境的基础上，设置情境：家庭聚会，主人为长辈、客人为晚辈，如何介绍？办公室，职位低的为女性，职位高的为男性，如何介绍？要求学生迅速判断介绍顺序，并演示训练。

依据以上情境训练，小组练习，其他同学对演示组评价（见表 2－4）。

表 2－4　评价项目

	姿态	语言	态度	顺序
介绍人				（介绍）
被介绍人				（握手伸手）

每项分 3 分、2 分、1 分三个等级，3 分为优秀，2 分为一般，1 分为有瑕疵。总计 24 分为满分，20 分以上奖励一枚。

第九节　鞠躬礼

身体立直手放好，面带微笑弯下腰，目光朝下莫旁顾，诚挚谦恭敬语到。

工作情境任务

学生分为旅客组与服务组，模拟迎接旅客登机情境，服务人员向旅客行鞠躬礼。

思考·讨论

请旅客组同学对服务组同学的鞠躬动作评价，并讨论鞠躬应注意哪些动作规范和礼仪规范。

鞠躬礼

讲解提示：

十五度，微欠身，点头致意，表问候；
三十度，体前倾，目光下移，多迎送；
九十度，髋为轴，后背挺直，示郑重。

鞠躬即弯身行礼，是对别人尊重和敬佩的一种表达方式。鞠躬时应真诚对对方表示欢迎、感谢、尊重。

一、鞠躬的动作要求

（1）鞠躬时以髋关节为轴，上体前倾，头、颈、背成一条直线。

（2）双手放于身体两侧或叠放于体前。

（3）视线随身体前倾而自然向下移动，表示一种谦恭的态度。

（4）礼毕后双眼有礼貌地注视对方。

（5）鞠躬上身抬起的速度要比下弯时稍慢一些。

（6）鞠躬度数：迎送旅客时的鞠躬为一度鞠躬，度数为15°，表示点头致意；行还礼时的鞠躬为二度鞠躬，度数为30°，表示向旅客敬礼；向旅客道歉时的鞠躬为三度鞠躬，度数为45°或90°，表示向旅客深度敬礼。这三种行礼方式适用于不同的情况，一般性问候用一度鞠躬，在问候长者或重要客人时用二度鞠躬，三度鞠躬多用于正式场合。

二、行鞠躬礼的注意事项

行鞠躬礼时，要心诚，并注意以下几点：

（1）两脚并拢，不要分得过开；

（2）头正并且随着身体向下而自然向下，脖子不要伸得过长；

（3）男士戴帽时，应脱帽行鞠躬礼，用右手握住帽檐中央，将帽取下，左手自然下垂；

（4）嘴里不能吃东西、叼香烟；

（5）若迎面相遇，鞠躬后向右跨出一步让路。

三、受礼者表现

受礼者在还礼时，可以不鞠躬，仅欠身点头。

学生拓展活动

1. 分组练习鞠躬分解动作：

一组学生练习，另一组学生“一对一”在练习同学身体一侧纠正。要求以髋关节为轴，身体前倾15°，头、颈、后背在一条直线上，避免颈部前伸、含胸、塌腰、撅臀的错误动作。

2. 一度鞠躬完整练习。

3. 分度数鞠躬动作练习。

4. 鞠躬配合礼貌用语、服务手势练习。

5. 工作情境鞠躬动作练习：

（1）客舱迎客、机场迎宾情境，民航服务人员向旅客行鞠躬礼；

（2）旅客进行航班信息问询时，民航服务人员向旅客行鞠躬礼；

（3）因工作失误给旅客造成不便，民航服务人员向旅客行鞠躬礼。

要求：同学们在模拟训练时应根据场景选择好角度，还应注意目光、表情、言语、动作的协调运用。

◆ 评价

分为服务组和旅客组，轮流展示鞠躬迎客；由旅客组为服务组作评价（见表2-5）。

表 2-5 评价项目

动作规范	度数准确	表情友好	语言亲切

每项分 3 分、2 分、1 分三个等级，3 分为优秀，2 分为一般，1 分为有瑕疵。总计 12 分为满分，10 分以上奖励一枚。

第十节 致意礼

致意微笑表问候，举手投足显涵养，四种方式区别开，距离远近各不同。

工作情境任务

你作为乘务服务人员，在客舱中巡视时，遇到一个老朋友，你如何与其打招呼？

思考·讨论

情境演示同学的打招呼动作符合礼仪规范吗？这种“打招呼”是什么礼？使用时应该注意什么？

致意礼

讲解提示：

初见面，带微笑，目视前方，点点头；
遇介绍，应起身，略表敬意，欠欠身；
远距离，举右臂，左右挥动，两三次。

致意无论是对相识的人还是初次见面者，都是表达友好和礼貌最常用的一种礼节。

一、致意形式

（一）点头致意

点头致意在生活中经常使用。与相识的人在一个场合多次见面，与一面相交或不相识的人见面，均应微笑点头向对方致意，以示问候。施礼时目视对方，面带微笑，身体保持正直，头向前下方微低。

（二）欠身致意

欠身是一种表示致敬的举止，多用在被他人介绍或是主人向客人奉茶时。一般是起立与欠身并用。

图 2-24　举手致意

（三）举手致意

举手致意适合用于向距离较远的熟人打招呼，可以同时伴以招呼语，但在公共场合千万不要大喊大叫。行礼时，面带微笑，目视对方，右臂向前上方伸出，掌心向着对方，四指并拢，拇指微张，轻轻左右挥动 2～3 次。见图 2-24。

（四）注目致意

注目致意主要用于升国旗仪式、剪彩仪式、庆典仪式等活动中，用目光注视以示尊重。

二、致意礼规

(1) 致意要讲究先后顺序：位低者先向位高者致意。具体是指年轻者先向年长者致意、学生先向老师致意、男士先向女士致意。

(2) 向他人致意时，往往两种形式并用：点头与微笑并用、起立与欠身并用。

(3) 致意时应大方、文雅，一般不要在致意的同时大声喊叫，以免妨碍他人。

(4) 受礼者要注意回敬致意，礼尚往来。

学生拓展活动

1. 原地练习点头致意动作。要求：头动身体不动，面带微笑，加以问候语。
2. 练习举手致意单个动作。要求：手臂动作正确。
3. 结合学校升旗仪式，训练注目致意。
4. 结合递接茶杯，练习欠身致意。要求起立欠身动作连贯、自然。

5. 学生分为两组，结合行走步态，根据不同的路线，距离稍近时，采用点头致意，并问候；距离较远时，采用举手致意。

◆ 评价

模拟情境练习：在服务工作地点，如客舱，二人相遇，点头示意，侧身而过。两人一组互相评价致意情况。分 1 分、2 分、3 分三个等级，3 分为优秀，奖励一枚。

第十一节　面部表情

在服务过程中，服务人员的面部表情非常重要。保持良好的面部表情是民航服务人员开展服务工作的基本职责，是民航服务人员维护企业形象的内在要求，是民航服务人员爱岗敬业、旅客至上的职业价值理念的具体表现，是民航服务人员自信、文明、有涵养的内在特质在工作中的外显和个性形象的最佳体现途径。

情境链接

十二次微笑

丽丽是一名空姐，这次的飞行任务是从洛杉矶到北京。飞机起飞前，一位乘客请求丽丽给他倒一杯水吃药。丽丽很有礼貌地说："先生，为了您的安全，请稍等片刻，等飞机进入平稳飞行后，我会立刻把水给您送过来，好吗？"

15 分钟后，飞机早已进入平稳飞行状态。突然，乘客服务铃急促地响了起来，丽丽猛然意识到：糟了，由于太忙，忘记给那位乘客倒水了！当她来到客舱，看到按响服务铃的果然是刚才那位乘客。她小心翼翼地把水送到那位乘客跟前，面带微笑地说："先生，实在对不起，由于我的疏忽，耽误了您吃药的时间，我感到非常抱歉。"这位乘客抬起左手，指着手表说道："怎么回事，你看看，都过了多久了？"

在接下来的旅途中，丽丽为了弥补自己的过失，每次去客舱服务时，都会特意走到这位乘客旁边，面带微笑地询问他是否需要水或者其他帮助。然而，那位乘客总是摆出一副不合作的样子，并不理会她。飞机快要降落时，那位乘客要求丽丽把留言本给他送过去，显然，他要投诉她。此时，丽丽心里虽然很委屈，但是仍然非常有礼貌，并且面带微笑地说："先生，请允许我再次向您表示真诚的歉意，无论您提出什么意见，我都将欣然接受您的批评！"那位乘客脸色一紧，想说什么，却没有开口，他接过留言本，开始在本子上写起来。

飞机安全降落，乘客们也陆续离开，丽丽心想，这下完了，又要挨训了。可出乎她意料的是，她发现那位乘客在本子上写下的并不是投诉，相反，是一封热情洋溢的表扬信。

在信中，丽丽读到这样一句话："在整个过程中，你所表现出来的真诚的歉意，特别是你的十二次微笑，深深地打动了我，使我最终决定将投诉信写成表扬信。我相信，从你身上可以看到你们航空公司的服务质量，下次如果有机会，我还将乘坐你们公司的航班！"

思考·讨论

结合以上案例，你认为在民航服务中，表情对服务质量有什么影响和作用？

面部表情

讲解提示：

眼传神，应平视，目光柔和，含笑意；
眉舒展，露微笑，自然和谐，好氛围。

表情是心境的晴雨表。服务人员在服务时始终要面带微笑，表情自然、礼貌、诚恳、友好。为了更好地提高服务质量，我们有必要通过表情来分析旅客心理，即察言观色。

构成表情的主要因素是眼神和微笑。同时，眉毛和嘴也能传递信息。

一、眼神

眼神一向被认为是人类最明确的情感表现和交际信号，在面部表情中占据主导地位。眼神能够表达出千变万化的含义，具有传情达意的微妙作用。

（一）注视的时间

在与人交谈的过程中，与对方目光接触的时间超过全部谈话时间的 1/3 时，被认为很吸引人或怀有敌意；不到全部谈话时间的 1/3 时，被认为不被重视、不被信任；

当目光接触的时间占全部谈话时间的 1/3～2/3 时，双方较容易建立良好默契。

以上是一般情况，交流时还要注意考虑文化背景的不同。比如，日本人认为直视对方的脸是失礼的，他们习惯看对方的脖子；南美洲印第安人认为在交谈时左顾右盼才是合乎礼节的，当面对三个以上的听众讲话时，必须背对听众，目视远方侃侃而谈。

与旅客交流时，要注视对方的眼睛，表示自己全神贯注，认真聆听。问候旅客、听取诉说、征求意见、强调要点、表示诚意、向旅客道贺或与旅客道别，都应注视旅客的双眼，但是时间不宜过久，否则双方会较为难堪。

（二）注视的位置

根据场合的不同，注视的位置也不同，一般分为公务凝视、社交凝视、亲密凝视，见图 2－25。

(1) 公务凝视：注视位置稍高，位于两眼至眉之间，适用于洽谈、磋商、谈判等正式场合。这种注视方式给人一种严肃认真的感觉。

(2) 社交凝视：各种社交场合都适用的注视方式，注视的位置在对方唇心到双眼之间的三角区域，当你的目光看着对方脸部这个区域时，会营造出一种社交气氛，让人感到轻松自然。

(3) 亲密凝视：是亲人之间、恋人之间、家庭成员之间使用的注视方式。凝视的位置在对方双眼到胸之间。

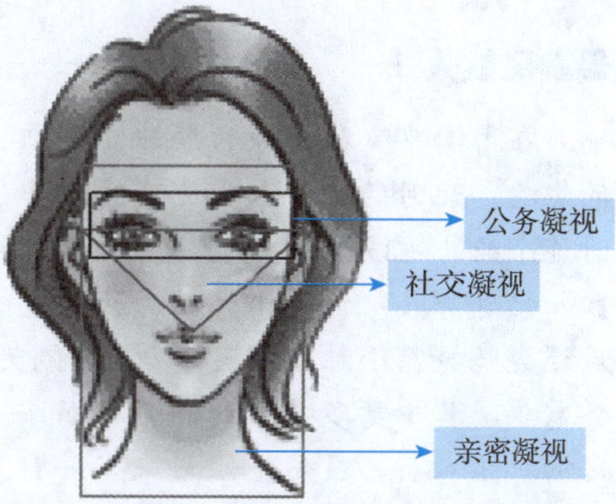

图 2－25 凝视区域

民航服务人员与旅客交流时，应选择社交凝视，便于轻松自然地交流。目光采用散点柔视为宜，不宜聚焦于对方面部或身体的某一点，这是不礼貌的行为。

（三）注视的方式

注视的方式有很多种类，比如直视、凝视、扫视、环视等，根据注视的角度还分为平视、俯视和仰视。民航服务人员在与旅客交流时，要直视旅客，表示对对方的重视，不要斜视、扫视、窥视，让旅客产生被瞧不起而受辱的感觉。要平视对方，以示双方地位的平等与本人不卑不亢的态度。不允许上上下下反复打量旅客，这种扫视旅客的做法会使旅客感到被侮辱、被挑衅。

二、微笑

（一）微笑服务的作用

在工作中，微笑是有效沟通的法宝，是人际关系的磁石。没有亲和力的微笑，无疑是重大的遗憾，甚至会给工作带来不便。微笑服务，是一个人内心真诚的外露，它具有难以估量的社会价值，正如一位哲人所说：“微笑，它不花费什么，但却创造了许多成果。它丰富了那些接受的人，而又不使给予的人变得贫瘠。它在一刹那间产生，却给人留下永恒的记忆。”

在服务岗位以微笑示人，可以创造出一种和谐、融洽的服务氛围，可以感染旅客，使其顿感愉快和亲切。民航服务人员真诚的微笑可以调节情绪、消除隔阂，给旅客留下美好的心理感受，展示民航服务人员个人良好的修养以及航空公司的优质形象。

最美民航人

在由南京飞往太原的航班上，机上的乘客并不知道，因为受全国范围内普降大雪的影响，此时的机组人员已连续工作了将近24个小时，从头天下午两点登机，直至此时连个盹儿也没打过。飞机着陆后，小韩以及客舱服务部经理等人多次因飞机延误道歉。记者曾几次询问小韩，为什么能一直保持微笑？特别是在将近24小时的连续工作后还会坚持？小韩依然笑着说：“微笑是空姐的第一基本素质，微笑并不仅仅局限于服务需要，其中更多关系到的是飞行安全。假如遇到飞机故障，空姐是唯一直接面对乘客的机组人员，虽然空姐与乘客一样基本不懂飞机构造与故障处理，但是还是要用自己坚定的微笑，缓解乘客的紧张情绪，保持机舱平静，最大限度地支持故障的处理。”微笑其实十分简单：关键是心中要有旅客，只要有了真切的感情，才会发自内心的微笑，笑容才会真诚。在老年旅客面前，要有儿女般敬重的微笑；在儿童旅客面前，要有长辈般慈爱的微笑；在同龄旅客面前，要有朋友般关切的微笑。

民航服务工作有着严格的服务规范要求，服务礼仪体态所展示的一招一式、一点一滴，代表着一种社会文明形象和社会道德精神。民航从业人员需要严格遵守，熟练掌握各种服务规范和要求，按照程序工作。每一个环节都不能粗心大意，以保证每一航班的顺利完成。

（二）正确微笑的注意事项

1. 注意面部整体配合

一个人在微笑时，应目光柔和，眼含笑意，双眼略为睁大，眉头自然舒展，眉毛微微向上扬起，避免耸动鼻子与耳朵，宜将下巴向内自然地稍许含起。

2. 把握微笑的时机

在与对方交谈中，最好的微笑时机是与对方目光接触的瞬间，这样能够促进心灵的友好互动。

3. 把握微笑的层次变化

微笑有很多层次，有浅浅一笑，眼中含笑，也有哈哈大笑。在整个交谈过程中，微笑要有收有放，在不同时候使用不同的笑，如果一直保持同一层次的笑，表情会显得僵硬、呆板，被对方认为是傻笑。

4. 注意微笑维持的长度

微笑的时间长度以不超过 3 秒钟为宜，时间过长会给人假笑或不礼貌的感觉，过短则会给人皮笑肉不笑的感觉。

微笑的表情更有讲究，不同的场合适合不同深度的微笑。不同的笑也可以显示不同的思想态度和感情色彩，产生不同的影响。在与别人交谈中，放声大笑或傻笑都是非常失礼的。工作中把握好微笑的尺度，更能显示自己的内在修养。

案 例

微笑工作

小王、小张和小李是三位卖报纸的年轻人。他们地处不同的街道，并且都有自己独特的营销策略，但是，只有小李的报纸卖得最好。奇怪的是，小李并不处在最好的地段。

小王站在人流聚集地，可以说是地处黄金地段。但他总是愁眉苦脸地站在那里，有人招手索要报纸时，他懒洋洋地递上去，并露出一副招牌式的苦瓜脸。每逢刮风下雨，都很难寻觅到他的身影。

小张没有固定的卖报场所，总是在马路上到处穿梭，哪儿人多就往哪儿跑，哪儿要报就去哪儿。他顾不上注意任何表情，看似很忙碌，但销量却不尽如人意。

小李总是固定地站在一个地方，双腿略微分开，以保持站姿。为了让人们看到报纸的大标题，他把报纸放在胸前保持微笑，并且使用“早上好”等用语愉悦地向身边的人问好。当有人购买报纸时，他会露出灿烂的笑容，当顾客转身离去时，他会说：“谢谢你，祝你天天快乐！”他的报纸销量是最高的。

小李并没有优越的地理位置，也没有频繁的奔跑，他只是靠自己的微笑赢得了顾客，成为销量最高的。在社交场合，微笑是一个人最基本的礼仪，是一种无声的语言，也是一种最美丽的语言。

三、眉毛

眉毛同样能传递信息，虽然不如眼睛表达丰富，但也能表露人的真情实感。眉毛不同的动作和状态，代表了不同的信息：眉头皱起表示困窘、不赞成、不愉快；眉头耸起表示恐惧、惊讶、欣喜；眉毛竖起表示气恼、愤怒；眉毛稍微上挑表示询问。

四、嘴

嘴传情达意的作用仅次于眼睛，在谈话时，上下嘴唇应自然开合，不要努嘴和撇嘴。安静时，嘴可微闭，保持微笑状。不同的嘴部动作，也会表达不同的含义：突然张开嘴表示惊讶、恐惧；抿嘴表示努力、坚持；噘嘴表示生气、不满；撇嘴表示鄙夷、轻视。

学生拓展活动

可以通过训练有意识地改变自己：

1. 调整心理：

调动感情，发挥想象力，或回忆美好的过去或展望美好的未来，使微笑源自内心，有感而发。从内心喜欢自己的工作，热爱旅客。

2. 放松面部肌肉，练习发音“E”或者“C”，使嘴角微微向上翘起，让嘴唇略呈弧形。在不牵动鼻子、不发出笑声的情况下呈现微笑。

3.“咬筷子”练习：

咬筷子是为了在微笑时恰到好处地露出 6～8 颗牙齿，并没有硬性的规定。一般来说，着力点在门牙两旁第 2 位的犬齿，但也要因人而异。咬筷子的同时要调整嘴型。嘴角上扬 15°左右。

4. 对着镜子练习：

使眉、眼、面部肌肉、口形在笑时和谐统一。取厚纸一张，遮住眼睛下边部位，对着镜子，回忆过去的美好生活，使笑肌抬升收缩，嘴巴两端做出微笑的口型，随后放松面部肌肉，眼睛随之恢复原形。

5. 当众练习法：

按照要求当众练习，使微笑规范、自然、大方，克服羞涩和胆怯的心理。也可以请观众评议后再对不足进行纠正。

6. 结合问候、鞠躬同步练习。要求注意身体、语言的协调运用。

◆ 评价

两人一组，用面部表情来表现亲切、温暖、友好、和善，互相评价。完美为 3 分，不明显为 1 分。3 分奖励  一枚。

本章共 10 枚 ，得到 8 枚以上者，单元成绩为优秀，5～7 枚为良好，2～4 枚为及格，1 枚及以下为没通过。

工作情境任务

任务描述：每个班级分为两个大组，把本章应掌握的11个模块的内容，编排为一套礼仪表演的动作，并在全校进行民航服务礼仪汇报表演。

任务要求：

1. 礼仪动作规范，设计情境突出民航专业特点。

2. 展示内容包含职业形象和仪态礼仪。职业形象：发型、妆容、丝巾或领带、制服、皮鞋；仪态礼仪：站姿、坐姿、蹲姿、步态、服务手势、递接物品、握手、介绍、鞠躬、致意、面部表情。

3. 编排队形有新意，同类动作整齐划一，组员间有配合，具有团队合作意识。

4. 配乐节奏明快、健康向上。

5. 展示时间为3～4分钟。

6. 着制服、皮鞋。

评价项目见表2-6。

表2-6 评价项目

职业形象（30分）		符合标准6分	欠佳1～5分	未完成0分
发型（6分）	男生			
	女生			
妆容（6分）				
领带或丝巾（6分）	领带			
	丝巾			
制服（6分）				
皮鞋（6分）				
仪态礼仪（70分）		动作标准5分	欠佳1～4分	未完成0分
站姿（5分）				
坐姿（5分）				
蹲姿（5分）				
步态（5分）				
服务手势（5分）				
递接物品（5分）				
握手（5分）				
介绍（5分）				
鞠躬（5分）				
致意（5分）				

续表

面部表情（5 分）	
专业情境（5 分）	
合作默契（5 分）	
音乐（5 分）	
总分	

思考·讨论

经过本章服务仪态的训练，你有什么收获？有什么感受？记录下来吧！

播下行为的种子，你会收获习惯；
播下习惯的种子，你会收获性格；
播下性格的种子，你会收获命运。

第三章
民航服务人员仪容仪表礼仪

一个人的穿着打扮，就是他的教养、品位、地位的最真实的写照。

学习目标

知识目标

了解有关仪容、仪表的礼仪规范要点。

能力目标

掌握民航服务人员上岗时的仪容仪表规范要求。

素养目标

1. 通过结合民航企业对于员工的仪容仪表要求，引导学生树立精确到细微之处的职业品格。

2. 通过开展职业形象的展示与评比，强化学生的职业意识。

一个人的仪容仪表往往与其生活情调、思想修养、道德品质和文化程度密切相关，在人际交往中是一个不容忽视的交际因素，会引起交往对象的特别关注，并将影响到对方对自己的整体印象。良好的仪容仪表会让人产生良好的第一印象，第一印象决定永久印象。

情境链接

某报社记者吴先生经过连续几日的辛苦采访，终于圆满完成任务，与两位同事打算打道回府。来到机场，时间还早，他们准备先用餐，便来到某餐厅。接待他们的是一位五官清秀的服务员，她接待服务工作做得很好，可是面无血色，显得无精打采。吴先生一看到她就觉得没了刚才的好心情，仔细留意才发现，原来这位服务员没有化工作淡妆，在餐厅灯光下显得病态十足，影响了客人的好心情。开始上菜时，吴先生突然看到服务员涂的指甲油缺了一块，第一个反应就是“该不会掉入我的菜里了吧”。为了不惊扰其他客人用餐，吴先生没有将他的怀疑说出来，但这顿饭吃得心里挺不舒服。结账时，柜台内服务员一直对着反光玻璃墙面修饰自己的妆容，丝毫没注意到客人的需要。整个用餐过程使吴先生对该餐厅的服务十分不满。

思考·讨论

服务员不注重自己的仪容仪表或过于注重自己的仪容仪表都会影响服务质量。那么，仪容仪表指的是什么？服务人员应该有什么样的仪容仪表才符合上岗的要求？

仪容仪表

讲解提示：

1. 仪容礼仪
2. 仪表礼仪

仪容指一个人的容貌，它是由发型、容貌以及体型等构成的。其中的重点指人的容貌。仪表指人的外表，包括人的容貌、姿态、风度、服饰和个人卫生等方面，它是人的精神面貌的外在体现。

仪容仪表是一种无声的语言，在一定意义上能反映出一个人的修养、性格和特征，整洁、大方的仪容仪表可以给自己带来自信，给他人带来自信，为自己的社交形象增色。民航服务人员的仪容仪表不仅是个人形象问题，更反映了企业的文化与管理水平，显示了一个国家、民族的道德水准、文明程度、精神面貌和生活水平。

注重仪容仪表，是反映民航服务人员最基本素质的需要；是满足旅客的心理、感官的需要；是反映民航各部门管理、服务水平的需要；也是反映国家、民族的道德水准的需要；体现自己良好的精神面貌和对生活乐观、积极的态度。

第一节　民航服务人员仪容礼仪

俗话说，“三分长相，七分打扮”。对一个人来说，美丽的容貌是上天的恩赐，是先天条件，但如果不懂得修饰维护，仪容不整洁，纵使国色天香，也会黯然失色。个人修饰维护包含的内容见图 3-1。

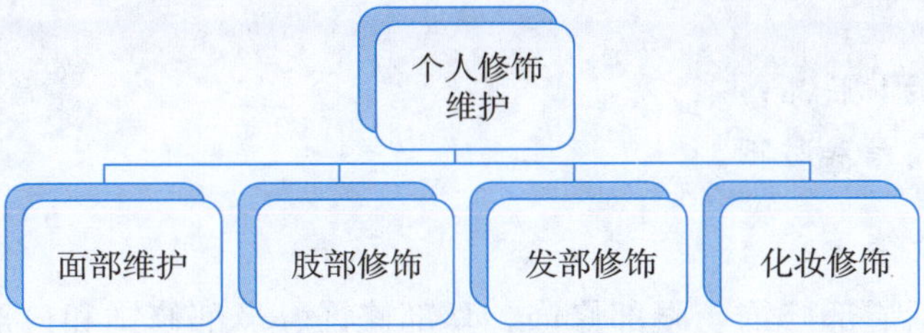

图 3-1　个人修饰维护

一、面部维护

（一）面部维护的要求

1. 形象端正

在生活、工作中应该注意调整情绪，保持乐观的心态，养成良好的表情习惯，避免不良的面部表情，使容貌端庄秀丽，赏心悦目。

2. 注意修饰

修饰时的原则应强调自己的面容以及身体优势，尽量弱化劣势部位，即扬长避短。

（二）修饰规范

1. 洁净

服务行业对面部洁净的标准是无灰尘、无泥垢、无汗渍、无分泌物、无其他一切不洁之物。要做到这些，洗脸很关键。正确的洗脸步骤如下：湿面后，把洗面奶倒在掌心，揉出泡沫后，用指腹沿嘴角向眼角方向按摩，额头沿眉心向太阳穴，由下往上、由内往外轻揉，鼻梁则由上往下轻揉，然后用水冲洗干净。

2. 卫生

面部修饰要讲究卫生，以免面部长痘痘或生暗斑等。对面部在特定时期长的痘痘，要调整好心态，千万不要过于着急，甚至影响学习和工作。平常之事，待以平常之心。

3. 自然

修饰时要讲究角色定位。服务人员不宜打扮得过于前卫，面部修饰不能过于浓烈，以自然、清爽为宜。

小提示

如何保养皮肤？

1. 体内补水：饮水量为每日 6～8 杯；
2. 调节情绪；
3. 充足的睡眠：每天要保证 6～8 小时的睡眠时间；
4. 注意饮食调养；
5. 按摩面部皮肤；
6. 选择合适的护肤品；
7. 注意面部清洁和防晒。

（三）局部修饰

局部修饰包括眉部修饰、眼部修饰、耳部修饰、鼻部修饰和口部修饰。

（1）眉部修饰：眉形要美观，避免出现残眉、断眉；眉毛要保持清洁。

（2）眼部修饰：眼部保持清洁卫生，清理的时候要避人；配戴的眼镜要定期擦拭，保持清洁；在室内最好不要戴墨镜。

（3）耳部修饰：注意耳部卫生，定期除垢，耳毛定期修剪，避免外露。

（4）鼻部修饰：清理鼻部时，注意避人，不要发出过大声响；鼻部黑头要清理；鼻毛要修剪，避免外露。

（5）口部修饰：每天至少早晚各刷牙一次，每次 3 分钟左右。注意饭后及时漱口，避免附着食物。要保持口气清新，上岗前避免食用辛辣及气味重的食品。

二、肢部修饰

（一）手及手臂的修饰

手及手臂是“人际交往知识的第二枚名片”。

1. 保养

手及手臂要保持清洁和保养，忌粗糙、皲裂、红肿，甚至生疮、长癣；忌对其主动、被动造成伤害，以致出现创伤、留下伤痕，这样有可能会直接影响服务质量。

2. 保洁

服务人员讲究双手“六洗”，即在六个时间段要洗手：上岗之前、手脏之后、接触入口之物前、规定洗手时、上过卫生间、下班前。

3. 妆饰

服务人员不要蓄长指甲，不要涂化艳妆，不要腋毛外露。

（二）腿、脚部修饰

俗话说“远看头，近看脚”，脚部清洁体现一个人的生活细节与品位。

1. 清洁

每天要洗脚。为了避免异味，最好定期刷洗鞋，并且隔天换鞋。

2. 遮掩

在工作场合，不要光腿、光脚、露趾、露跟。

3. 美化

腿毛不能过长，要定期修剪，以免影响美观；脚指甲要注意修剪，工作场合忌涂彩色指甲油。

小提示

民航服务人员上岗要求

1. 手和指甲

民航服务人员经常要用手为旅客服务，因此，对其双手和指甲的基本要求是保持清洁、卫生，要经常修剪指甲，不得留长指甲。一般情况下，指甲的长度以不长过指尖 2mm 为宜，防止过长而断裂、藏垢。女员工指甲油的颜色要与妆容、制服颜色协调，不得涂色彩鲜艳的指甲油（透明或与肤色相近的肉色除外）。要经常洗手，洗手后用护手霜涂抹，保持双手皮肤的润滑。

2. 胡须

男员工每日上岗前应保持面部清洁并剃须，不得留任何形式的胡须。

三、发部修饰

情境链接

日本的著名企业家松下幸之助以前不修边幅，也不注重企业形象，企业因此发展缓慢。一天，理发时，理发师不客气地批评他不注重仪表，说："你是公司的代表，却这样不注重外表，别人会怎么想，连人都这样邋遢，他的公司会好吗？"从此，松下幸之助一改过去的习惯，开始注意自己在公众面前的仪表仪态，生意也随之兴旺起来。松下电器的良好发展，与松下幸之助长期率先垂范，要求员工懂礼貌、讲礼节是分不开的。

思考·讨论

你能想象一下理发师批评松下幸之助时，他的发型是什么样子吗？松下幸之助接受理发师的建议后，发型改变成什么样了？服务人员应保持什么发型？

发型

讲解提示：

1. 男员工发型要求
2. 女员工盘发

（一）整洁

一般来说，发型优雅还在其次，最重要的是头发清洁干净，做到无头皮屑、无异味、有光泽。正常情况下，2～3天洗一次头发，油性头发最好每天清洗一次。要做到定期修剪，男士基本上半个月修剪一次。梳理头发应在洗手间内进行。

（二）慎选发型

选择发型要综合考虑多种因素，使发型与年龄、性别、脸形、身材、发质、服饰、时尚以及职业、身份等相协调，其中职业、身份要优先考虑。

1. 发型与脸形相协调

发型应与脸形相协调，具体见图3-2。

2. 发型与身材相协调

（1）短小身材者可以利用盘发增加高度；

（2）高瘦身材者比较适合留长发；

（3）矮胖身体者适合有层次的短发；

（4）高大身材者切忌发型花样繁复。

3. 发型要与发质相协调

头发细软的，不宜留过长的直发，可选择中长发或俏丽的短发，还可以把头发烫卷，产生蓬松感。发质较硬的女性不宜选择太短的发型，宜采用不到肩的短发或肩以下的长发。

4. 发型要与服饰相协调

女士在比较庄重的场合，可将头发挽在颈后，显得端庄、高雅。

如果穿V字领连衣裙，就可将头发盘起；如果穿外露较多的连衣裙，可选择披肩发或束发；穿西装时，西装给人以端庄、整洁的感觉，发型也要端庄、大方，不要过于蓬松。

圆形脸
脸形特征：额头、脸颊、下巴呈圆弧形，颧骨不明显。
修饰建议：
头发较长的可以修剪出偏分而有层次的发帘。头发较短的不妨将发帘修剪得非常短，让宽度略窄，或是剪出倾斜或向上弯曲的弧度。不太适合修剪成压在眉上的整齐刘海。

长形脸
脸形特征：长度比标准的三等分要略长，额骨长且宽。
修饰建议：
可以修剪成从头顶最高点开始一直到眉毛的大面积凌乱刘海；
如果留长发，要让刘海部分尽量宽一些，并且长度要能盖住眉毛。

方形脸
脸形特征：脸部线条较刚硬，脸颊两侧腮骨突出，下巴方平。
修饰建议：
自然弯曲的发梢是修饰方形轮廓的最好办法；使刘海长而碎，宽度变窄，两侧的头发向内收拢，使整个脸形看起来变窄；最好不要修剪成齐刘海，显得刻板。

倒三角形脸
脸形特征：上宽下窄，额头宽而平坦。
修饰建议：
刘海也尽量剪短，并做出参差不齐的效果，露出虚掩着的额头；
短而斜分的刘海适合额头比较宽的倒三角形脸。

图 3－2　发型与脸形相协调

（三）盘发的方法

盘发前确保头发干净整洁，洗吹过的头发才能轻松制造出空气感，为后续的盘发做好基础。

第一步：首先把头发梳顺，准备好一根皮筋。

第二步：先预留表层头发，用手抓起预留出来的头发并用密剑梳倒梳打毛，产生蓬松感。在接近发根处，由上往下倒梳。倒梳时，速度快慢无妨，打毛的位置可以由头顶延伸至双耳，注意对称。可根据自己的脸型，选择垫高的高度和位置。

第三步：在脑后部中间的位置用皮筋扎一个马尾辫，高度与耳部上缘齐平。然后用发胶或发蜡等定型产品将碎发黏于表面，可根据需要在耳后侧方各用一个一字夹固定。

第四步：用隐形发网套在扎好的马尾上，再用 U 形夹把发网固定在马尾上，然后把发网撑开，将头发全部放入发网中，拉住发网一侧的边缘，向同一方向包裹马尾，

图 3－3　盘发

使其完全包住。

第五步：用左手抓住发根，右手抓住马尾并顺时针旋转直至将头发盘起，发髻应盘绕为圆形，并紧贴于头部。

第六步：用 U 形夹分别在上、下、左、右处将发髻固定，外形整体饱满为宜。

第七步：用发胶将四周的碎发固定好，特别要注意脖颈上方的碎发，此处碎发较多，可适当多用一些定型产品。

第八步：最后将头顶处的头发用剑齿梳进行微调整，让头顶部的头发不紧贴于头皮。

根据以上方法可以获得干净、利落、大方的民航服务人员盘发发型，见图 3－3。

小提示

民航服务人员上岗发型要求

1. 长短适当

对男员工的要求：前发不覆额、侧发不掩耳、后发不触衣领；对女员工的要求：头发长度不得短于 2 寸，前不遮眉和面部，后不超过衬衣领子底线，不允许随意将其披散开。男女均不允许剃光头。

2. 梳理整齐

任何发型都应梳理整齐，使用发胶、摩丝定型，不得有蓬乱的感觉。

3. 发型风格

短发不得采用爆炸式、翻翘式、超短式造型，头发可卷可直，但发型不宜奇特。长发禁止螺旋式、马尾辫式或留鬓角，长头盘起的高度应适中，不可过高，也不可过低；刘海可卷可直，但必须保持在眉毛上方。

4. 发色、发饰

头发必须保持黑色，染发时只允许染成自然的黑色，发饰只限公司配发的式样，可使用无饰物的黑色发卡固定头发，但不得使用发箍和彩色发卡。禁止戴假发套。

四、化妆修饰

情境链接

化妆百象

小英是美容美发学校的学生，初学化妆的她对人们的妆容非常感兴趣，走在大街上，总爱观察别人的妆容，因此发现了一道道奇特的风景线：一位中年妇女没有做其他修饰，光涂了一个嘴唇，而且唇膏是那种很红很艳的颜色，只突出了一张嘴；一位女士的妆容真的很漂亮，只可惜脸上精彩纷呈，脖子却粗糙、马虎，在脸庞轮廓上有明显的分界线，像戴了一个面具；还有的女士用粗的黑色眼线将眼睛轮廓包围起来，像个大括号，看上去很生硬；一位很漂亮的女士，身穿蓝色衣服，却涂了橘红色的唇膏……

思考·讨论

什么样的妆容才算完美？作为民航服务人员，化妆的标准是什么？

化妆

讲解提示：

1. 化妆基本原则
2. 化妆常规步骤

化妆是生活中的一门艺术，适度而得体的化妆，可以体现女士端庄、美丽、温柔、大方的独特气质。民航服务人员化妆可以表现出自尊自爱、爱岗敬业、训练有素的职业素养。

（一）化妆的基本原则

1. 美化原则

在化妆时要注意适度矫正，做到修饰得法，以使自己化妆后能够避短藏拙。

2. 自然原则

化妆要求美化、生动，具有生命力，更要求真实、自然。化妆的最高境界，是没有人工修饰的痕迹，显得天然美丽。

3. 得法原则

化妆讲究个性化，但也要得法。工作时宜化工作妆（淡妆），社交时可化浓妆。吊唁、丧礼场合不可化浓妆，也不宜涂口红。香水不宜涂在衣服上和容易出汗的地方，

口红与指甲油最好为同一色系。

4. 协调原则

高水平的化妆，强调的是整体效果。在化妆时，应使妆面协调、全身协调、场合协调、身份协调，以体现出自己的不俗品位。

（二）化妆的常规步骤

化妆的常规步骤包括：洁面—护肤—妆前乳—隔离—底妆—定妆—画眉—眼妆—修容、腮红—唇妆（见图 3-4）。

图 3-4 化妆的常规步骤

1. 洁面

第一步：取适量的洁面产品于手心，加上大量的温水。打湿起泡，也可以利用起泡网辅助。

第二步：将泡沫均匀重点涂抹在 T 区和鼻孔周围、下巴。

第三步：按顺序清洗 T 区、鼻孔、下巴、额头和脸颊，鼻周用手指画圆打圈。待泡沫逐渐减少可以利用余下的泡沫清洁脖子，使脸和脖子的肤色没有显著的差异。仔细清洗，特别是一些容易忘记的部位，如下巴两侧、颈部两侧、腮位等。水流方向最好从顶部向底部淋巴液的方向流动。

第四步：30 度左右的温水最适合，过冷过热都会刺激肌肤。冲洗需仔细，特别是发际线的泡沫。冲洗后，用毛巾或洁面纸轻轻擦干面部。

2. 护肤

（1）化妆水：取适量化妆水于掌心，轻轻对掌揉搓。轻轻按压全脸，再轻拍至吸收。

（2）精华液：搓热手心，挤出 1～2 泵精华液，轻柔均匀地按压、涂抹在面部及脖颈。用手指以从内到外（鼻翼—耳际）的方向，轻轻打圈将精华液按摩至吸收，额头同理。

（3）眼霜：取绿豆粒大小的眼霜在指腹处，利用手指温度微微揉搓乳化眼霜。用指腹轻轻点涂在眼周肌肤上，并由内而外打圈按压，直至眼霜全部吸收。

（4）乳液：取出适用脸部量的乳液于手背（冬季可适当加大用量），手指沾取乳液点涂在脸颊、额头、鼻梁、下巴、脖颈等部位。以打圈方式轻柔涂抹全脸、脖颈，避开眼周部位，静止 30 秒左右等待吸收。

（5）面霜：取出一定量面霜于手背，用另一只手的手指指腹轻轻揉搓开，面积不要太大，慢慢地你就会发现面霜好像质地有点像乳液了，更容易推开了。最后上脸涂抹，注意避开眼周。

(6) 防晒霜：将“面部专用”防晒霜挤在手背处黄豆大小的量，点涂全脸和脖颈，轻柔涂抹开，最好停留1分钟左右再进行后续上妆。

3. 上妆

(1) 妆前乳：建议配合美妆蛋使用。先挤出适量于手背，用指腹蘸取点涂在面部需要修饰、提亮的部分或者全脸。沾湿美妆蛋，使其保持在7分干左右。用美妆蛋轻点拍开，涂抹均匀。

(2) 隔离：与妆前乳不同的是，隔离除了调节肤色外，还可以隔离一些紫外线，但是不会像防晒霜的倍数那么高，因此隔离相对妆前乳会稍厚重一点，但是具备二者的综合性功能，可选涂。所以，隔离＝防晒＋妆前乳。

(3) 底妆。

1) 底妆的选择。

可以根据肤质和想表现的感觉来选择底妆，如粉底液、粉底膏、粉底霜。如干燥肌肤适合用液体粉底，油性肌肤较为适合用粉状粉底，舞台妆适合用膏状粉底。皮肤颜色较黄，可以用紫色粉底来弥补；偏红一些的脸色，可以用绿色粉底来弥补；血色差一些的，可以选用橘黄和粉红色的粉底。

根据肤质特点确定底妆类型后，再确定色号，应使用几种颜色的粉底，将面部呈现出立体效果，显示出明暗差异。

2) 上底妆的方法。

要根据肌肉的轮廓来涂粉底。涂的顺序是：脸颊→嘴唇周围→鼻子周围→额头→眼部周围→脖子。脸颊是最要强调的部分。为了突出层次，在额头部分可以打上明亮的粉底：在鼻侧、脸颊侧部可以使用比主粉底暗1～2个色号的颜色打阴影。最后涂上粉，做定妆用，可以保持长一些。

(4) 定妆。

后续上妆干净不粘手的小秘密就在于定妆，如果你总是掉妆太快，那一定是忽略了这一步的重要件。根据肤色特点选择适合的定妆产品，如粉饼、散粉、定妆喷雾。

(5) 画眉。

1) 眉毛的画法。

要画好眉毛，必须先了解眉毛的位置（见图3-5）。

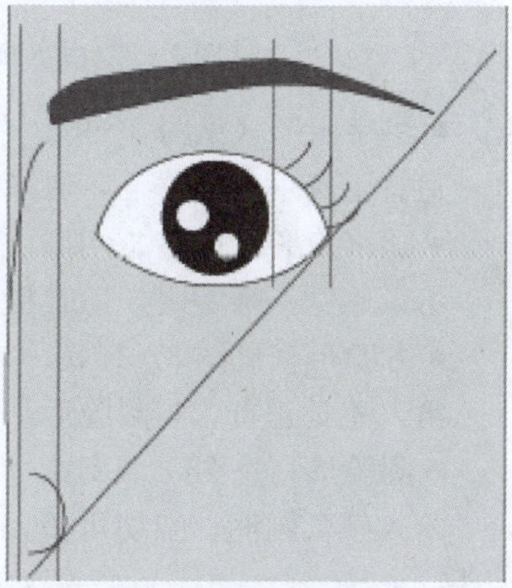

图3-5 眉毛的位置

眉头在鼻翼向上的延长线上。

眉峰在黑瞳外侧的延长线与眉毛最高处水平线交界处。

眉尾在鼻翼和外眼角的延长线上。

如果眉画得太浓，容易给人生硬的感觉，所以要打层次，使感觉柔软。眉峰部分可以浓一点，眉头和眉尾淡一点。先用咖啡的眼影打出眉形，在眉峰处重一点，再用眉笔仔细描画，两边淡一点，见图 3－6。

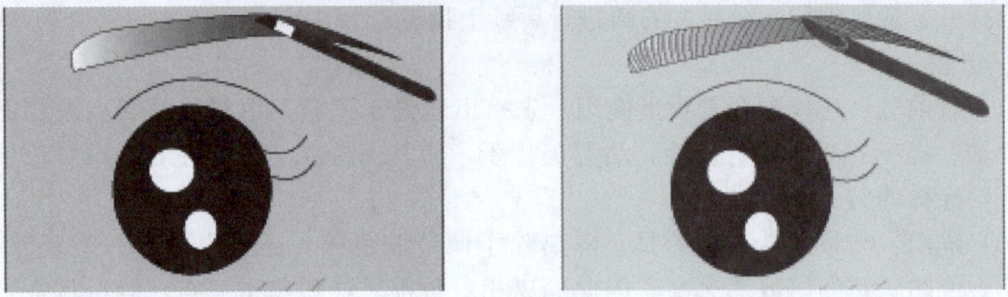

（a）　　　　（b）

图 3－6　眉毛的画法

2）脸形与眉形相搭配。

● 由字脸形（见图 3－7）。

给人感觉富态，适宜柔和一点的眉毛，平缓一些。

● 申字脸形（见图 3－8）。

给人感觉机敏，眉毛应平，眉形尽量放长，细一些。

图 3－7　由字脸形

图 3－8　申字脸形

● 甲字脸形（见图 3－9）。

适宜上扬一点的眉毛，眉峰在眉毛的 2/3 处以外一些。

● 国字脸形（见图 3－10）。

给人感觉一板一眼，适宜粗一点的一字眉毛。

● 方脸形（见图 3－11）。

给人感觉正直，与圆脸形基本相同。

● 圆脸形（见图 3－12）。

给人感觉圆润、亲切可爱，适合上扬眉，眉头眉尾不在一条水平线上，眉尾高于眉头。

● 标准脸形（见图 3－13）。

这种脸形称鹅蛋形，搭配标准眉形，眉头与内眼角垂直，眉头眉尾在一条水平线上，眉峰在眉毛的 2/3 处。

图 3-9 甲字脸形

图 3-10 国字脸形

图 3-11 方脸形

图 3-12 圆脸形

图 3-13 标准脸形

（6）眼妆。

眼妆的顺序是：眼影→眼线→睫毛。

1）眼影的画法。

民航服务人员在妆容上要遵循端庄、大方、自然美等原则，因此“烟熏妆、欧美妆”这类比较个性的妆容，是民航工作中不考虑的。还要考虑的因素就是制服的色系，需根据制服色系确定眼妆的色系，下面列出几种稳妥的色系：大地色系，适合全色系的制服，是化妆新手的首选；粉棕色系，如果觉得大地色系太严肃，可选择粉棕色系，可以搭配粉色系、藏蓝色系的制服等，这类眼影色系多为低饱和度，不建议色泽浓艳的粉色；橘粉色系，活泼减龄的青春色系，很多年轻乘务员都爱用，但是新手慎入，因为颜色晕染不好很容易显得妆面太“随意”，这类眼影色系也不建议选择饱和度太高的颜色。如果自己搭配不好颜色，建议选择四宫格或 3 色、2 色等已经搭配好的眼影盘。

遵循大地色系原则，我们来看一下如何画眼影：

首先使用浅色系眼影作为底色打底，然后在上面涂上自己喜欢的颜色。打上白色或亮色可以使后面使用的颜色容易发色，看上去比较漂亮。见图 3-14。

- 自然的感觉：使用一种颜色比较好。单眼皮的人使用明亮的颜色容易让人觉得眼睛比较肿，建议使用咖啡色等暗色。见图 3-15。
- 清爽的感觉：在眼眶部位有层次地涂抹，使用蓝色系或咖啡色系。见图 3-16。
- 温柔的感觉：下面涂最深的颜色，向上边淡开。见图 3-17。

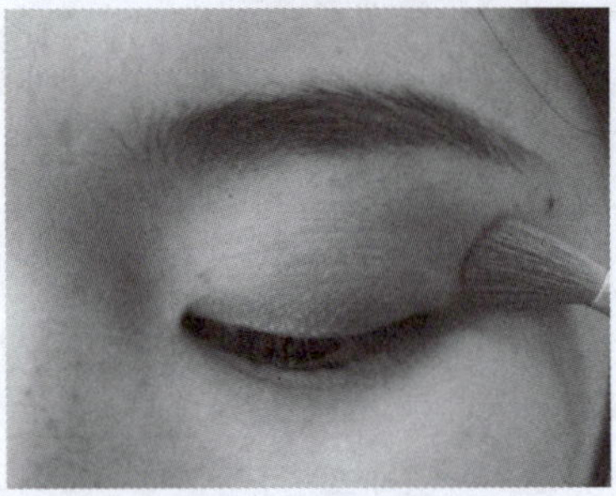

图 3-14　浅色眼影打底

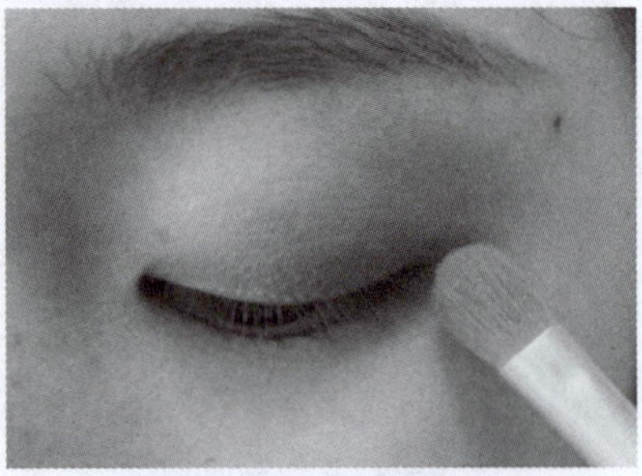

图 3-15　自然的感觉

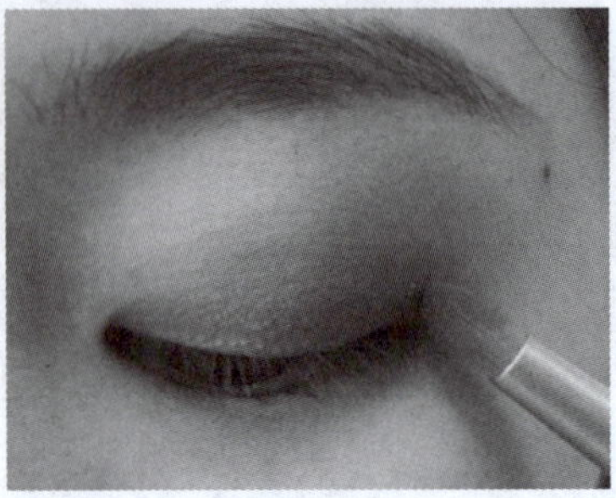

图 3-16　清爽的感觉

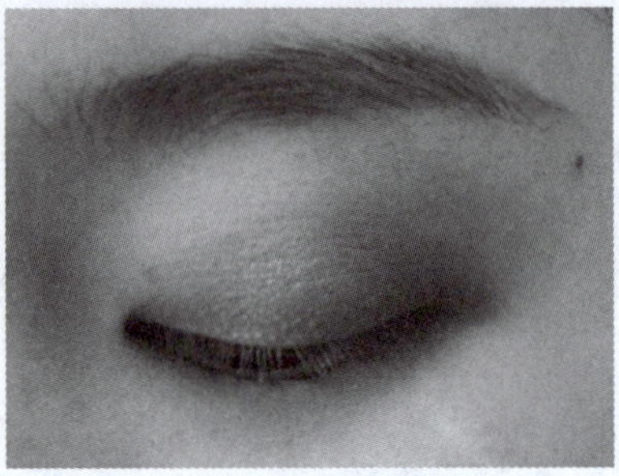

图 3-17　温柔的感觉

2）眼线的画法。

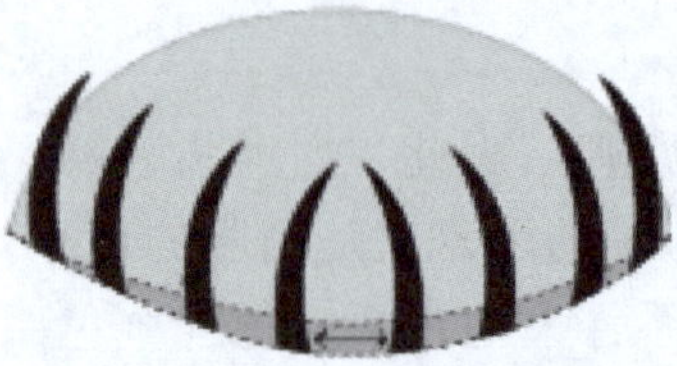

图 3-18　描眼线的部位

把镜子斜放在自己的前方，脸朝前，眼睛斜看镜子，这样可以比较清楚地看到画眼线的地方。睫毛生长的地方之间就是描眼线的部位，见图 3-18。

一般画眼线的工具有两大类，即眼线笔和液体眼线。单眼皮和内双眼皮者使用眼线笔要特别小心，不要一下子描得很黑很重。

不同的眼线画法，展现不同的特点，见图 3-19。

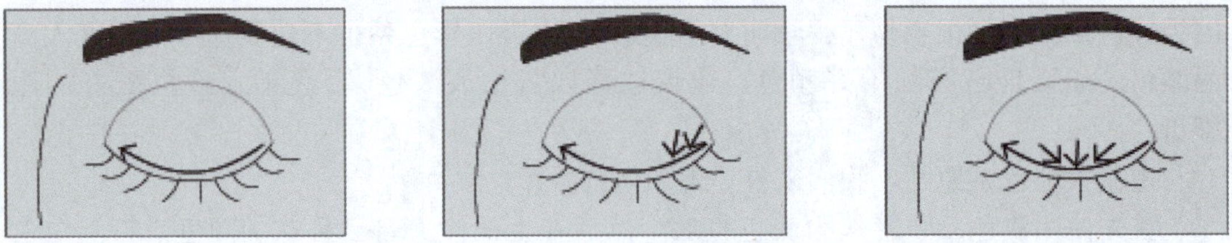

(a) 自然型　(b) 使眼睛看起往上抬　(c) 使眼睛看起来比较大

图 3-19　不同的眼线画法

眼睛小的，眼线可以画得明显一些；圆形眼睛，可以从眼睛中间处开始往外画，使圆形变得更像杏形；眼尾下垂的，可以画得稍高；眼尾斜吊的，画时可在尾部微微往下描些。眼睛过大或“金鱼眼”，最好别画眼线，即使画，也一定要贴着睫毛根。

画上眼线时，要从内眼角朝外眼角方向画。画下眼线时，应该从外眼角朝内眼角画，并且在距内眼角约 1/3 处收笔。对眼睛较小的女性来说，眼线是特别重要的，它很容易就能让眼睛显得大。

3）睫毛的处理方法。

● 卷睫毛的方法。将睫毛夹与眼睛弧度对齐，使睫毛夹处于最贴合睫毛根部的位置，轻轻用力夹住，将睫毛夹向上转一下。再稍微用力，将睫毛夹向上提升至 90°。松开，再重复上述手法，向上夹至睫毛最尾端。见图 3－20。

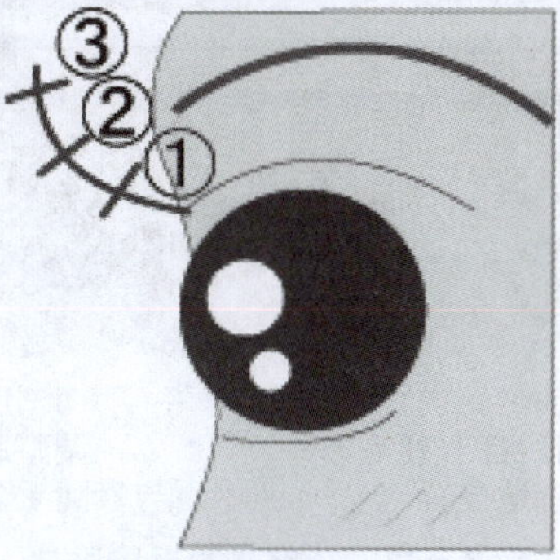

图 3－20　卷睫毛的顺序

● 贴假睫毛的方法。

A. 全贴法：

首先，把假睫毛剪短，比自己的眼睛宽度短 8mm 左右。其次，镜子放在桌子上倾斜 45°斜着朝下（脸朝前方），在假睫毛上涂好胶水。再次，确认好距眼头 3mm 和距眼尾 5mm 的位置。从眼睛的中间开始贴，然后是眼头，最后是眼尾。刚贴上的时候很容易脱落，所以要用手指轻轻按住。具体见图 3－21。

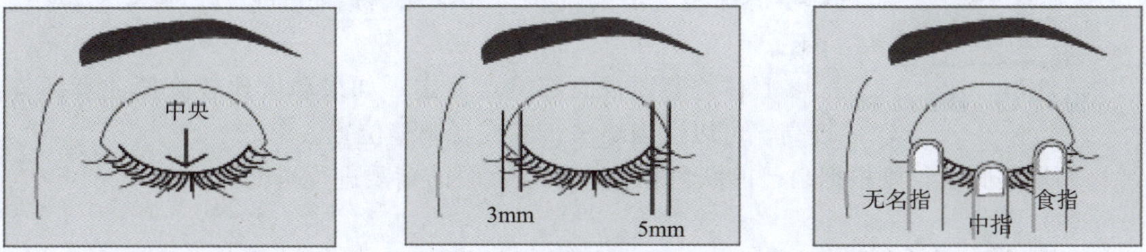

（a）从中间开始贴　（b）贴的位置　（c）按牢

图 3－21　贴假睫毛的方法

B. 补充法：

有的人睫毛比较卷翘就不需要贴整个的假睫毛，为了塑造更好的妆容感，对于这种情况我们可以选择补充法。直接购买单簇的假睫毛，根据自己睫毛的长度选择适合的长度，具体贴法见图 3－22。

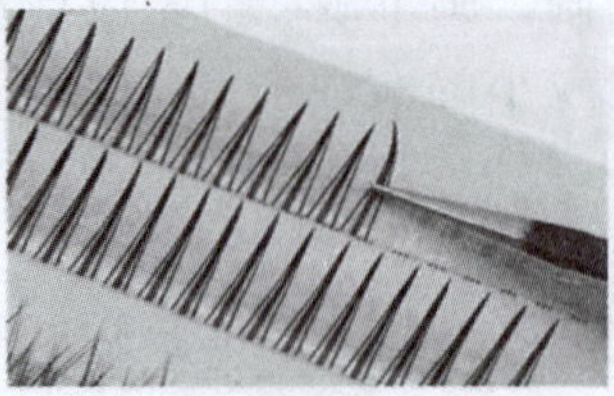

(a)
用镊子轻夹住
假睫毛根部

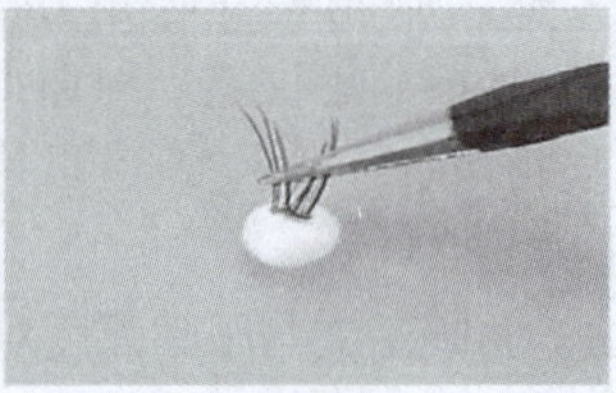

(b)
蘸取适量胶水
等待10秒左右

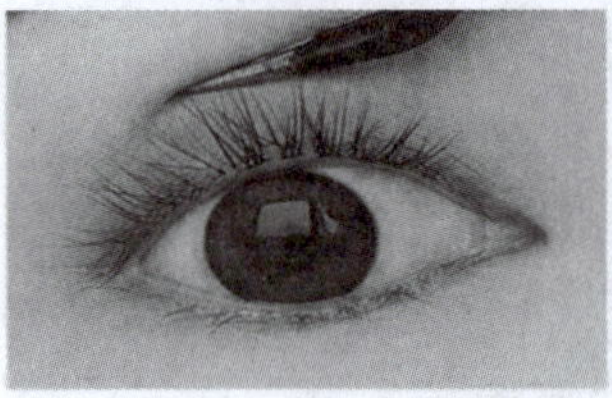

(c)
胶水透明后将假睫毛
贴于合适位置

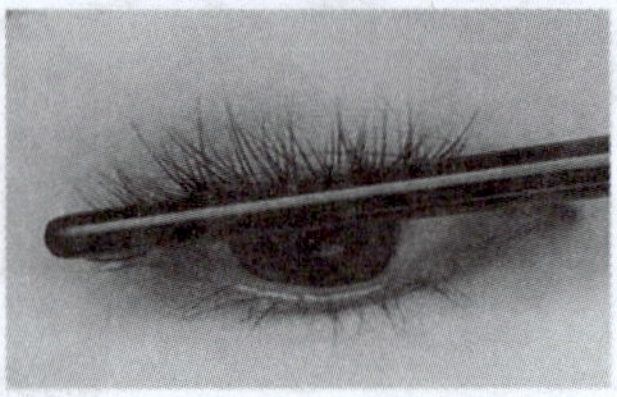

(d)
调整睫毛
与真睫毛更好结合

图 3－22　补充式睫毛的贴法

（7）修容、腮红。

图 3－23　修容盘

修容和腮红产品可以修饰棱角以及局部提亮，是让我们的面部红润、立体起来的必要彩妆单品。较深肤色在修容时可以选择偏深一些的暗影色调，偏白肤色可以选择颜色相对浅一些的，这样使颜色过渡更加自然。粉状或膏状都可以，修容盘如图 3－23 所示。

暗影，主要是下颌线、颧骨下方、鼻影、额头侧方；提亮，主要是骨相突出的部位，如额头、眉骨、颧骨、鼻梁、鼻头、下巴。

具体修容要视面部特点而定，如果鼻梁比较高挺或者颧骨较高，可以适当略去步骤或者调整位置。

如果是腮红，则根据自己的肤色和整体妆容及服饰穿戴进行搭配。

（8）唇妆。

国内民航服务人员的唇妆颜色以红色系为主，不管是大红、豆沙红还是橘红、粉红，都是红色调占主导位置。

第一步：先涂润唇膏保持唇部湿润，防止出现干纹、干皮，见图 3－24。

第二步：用唇部遮瑕打底，深色遮盖，便于口红显色，如果唇色比较浅可以不进行这一步，见图 3－25。

第三步：找到唇峰，用唇刷描绘出整个唇部轮廓，见图 3－26。

第四步：用口红沿着轮廓涂满整个唇部，见图 3－27。

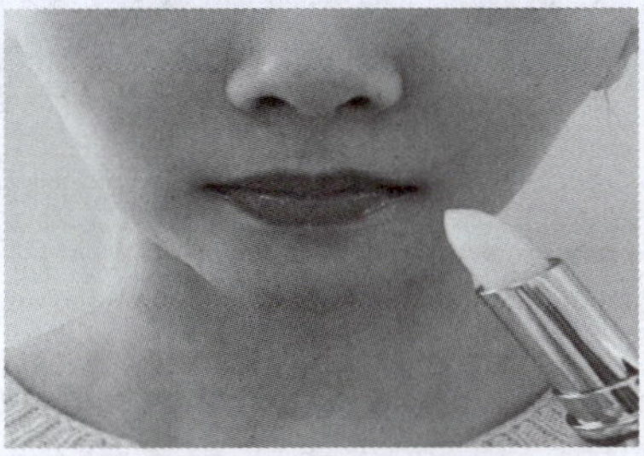

图 3-24 涂润唇膏

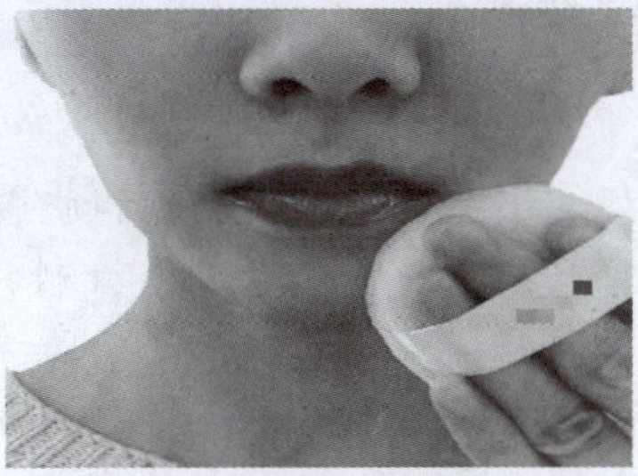

图 3-25 唇部遮瑕

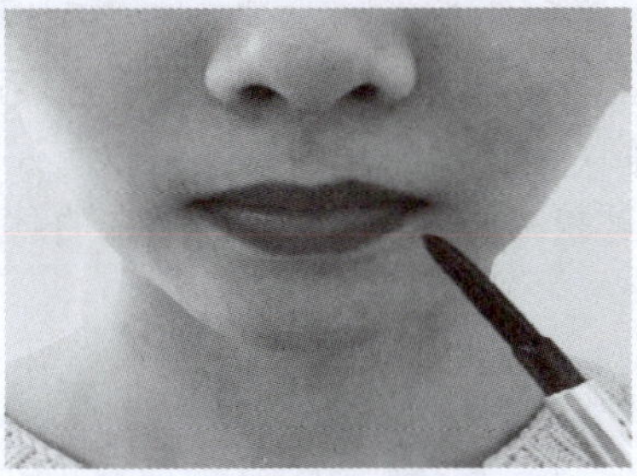

图 3-26 描出唇部轮廓

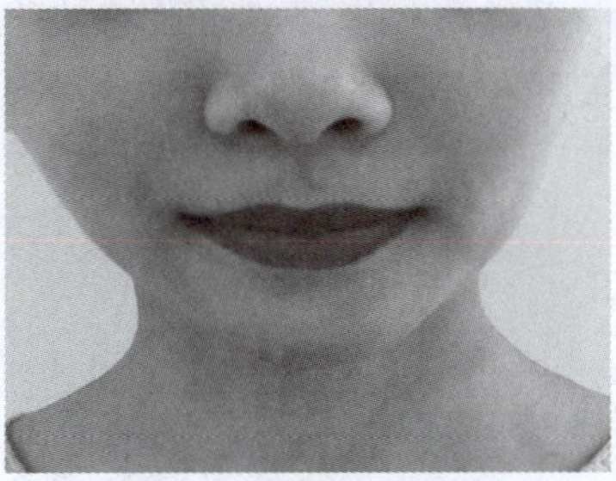

图 3-27 涂好口红

最后，可以往脸上稍打一些散粉，妆容会显得更自然，也会保持更持久。

（三）喷香水的注意事项

香水使用不要过量，避免适得其反。香水要喷洒或涂抹在适当的地方。一般洒在耳朵后面或是手腕的脉搏上。另外，臂内侧和膝盖内侧也是合适的部位。除了直接涂于皮肤，也可以喷在衣服上，一般喷在内衣和外衣内侧、裙下摆以及衣领后面。而面部、腋下、易被太阳晒到的暴露部位、易皮肤过敏的部位以及有伤口的部位，都不适合涂香水。

通常，清淡的花香，如茉莉花香味，比较适合大多数人。欧洲人和中东人用的香水会比较浓，我们没有必要效仿西方，而应选择喜欢并适合自己的香水。香水是无形的装饰品，可以快速、有效地改变一个人的形象。

在工作时，应用清新淡雅的香水，这样才不会给人以唐突的感觉。

小提示

民航服务人员化妆要求

1. 女员工必须化淡妆上岗。

2. 民航服务人员化妆的基本要求是庄重、自然、健康、清洁。化妆应追求自然淡雅的效果，妆色要端庄、明朗，不可娇艳。浓重的眼影和眼线、刺鼻的香水，都是与工作氛围不相符合的。

学生拓展活动

1. 化妆实操训练准备物品：

洗面奶、小毛巾、爽肤水、润肤露、粉底、定妆粉、化妆盒（眼影、腮红）、修眉刀、眉笔、眼线笔、唇线笔、化妆刷、睫毛夹、睫毛膏、唇膏、化妆棉、面巾纸、梳子、皮筋、发套、黑色卡子、定型摩丝等。

2. 训练要求：

（1）对照本节所学内容，检查自己的发型、面部、手的清洁是否符合礼仪标准。若不符合，马上改正。

（2）根据所学内容，设计适合自己的发型，并和同学互相交流，听取同学的建议。

（3）在教师指定的时间，女生尝试给自己化妆，妆容要符合民航服务行业员工的标准。男生来评判女生化妆效果，说出优点与建议。

3. 走入民航企业，观察员工的仪容规范，返校后，撰写200字左右的体会，同学间交流。

◆ 评价

全班参与，自行设计评比方式和评比内容，以个人或小组为单位参加，从发型、面部、手及手臂的清洁等方面进行评比，选出班级最佳职业风貌奖。

第二节　民航服务人员着装规范礼仪

着装，即服装的穿着。严格地说，它既是一门技巧，更是一门艺术。从本质上讲，着装与穿衣并非一回事。穿衣，往往看重的是服装的实用性。它仅仅是马马虎虎地将服装穿在身上遮羞、蔽体、御寒或防暑而已，无须考虑其他。着装则大不相同，着装实际上是一个人基于自身的阅历、修养或审美品位，在对服装搭配技巧、流行时尚、所处场合、自身特点进行综合考虑的基础上，在力所能及的前提下，对服装所进行的精心选择、搭配和组合。站在礼仪的角度看，着装是一门系统工程，它不仅指穿衣戴帽，更指由此而折射出的人们的教养与品位。在各种正式场合，不注意个人着装者往往会遭人非议，而注意个人着装者则会给人以良好的印象。

工作情境任务

3～4名学生为一组，完成以下任务：

1. 走入民航企业，观察服务员工的着装规范，并用相机记录下来；

2. 查找相关资料，总结正式场合着装的礼仪规范；

3. 将图片与资料汇总成演示文稿，在全班汇报展示、评比，要求展示时配以讲解，说明同学的具体分工。

情境链接

小刘和几个朋友相约周末聚会，为了表示对朋友的尊重，星期天一大早，小刘就西装革履地打扮好，对照镜子摆正漂亮的领结前去赴约。北京的8月天气酷热，他们来到一家酒店就餐，边吃边聊，大家很开心。可是不一会儿，小刘已是汗流浃背，不停地用手帕擦汗。饭后，大家到娱乐厅打保龄球，在朋友们的强烈要求下，小刘勉强站起来整理好服装，拿起球做好投球准备，当他摆好姿势用力把球投出去时，只听到“嚓”的一声，上衣的袖子扯开了一个大口子，弄得小刘十分尴尬。

思考·讨论

小刘的着装出现了什么问题？违背了着装的什么原则？

一、着装原则

着装最基本的原则是要保持衣服的整洁，不管多么新款的时装，若不够整洁，都将大大影响穿着者的仪容，无论是工装还是便服，均以整齐清洁为原则。另外，还要遵守如下原则。

（一）协调原则

即着装要与个性、体型、肤色协调，见图3-28。

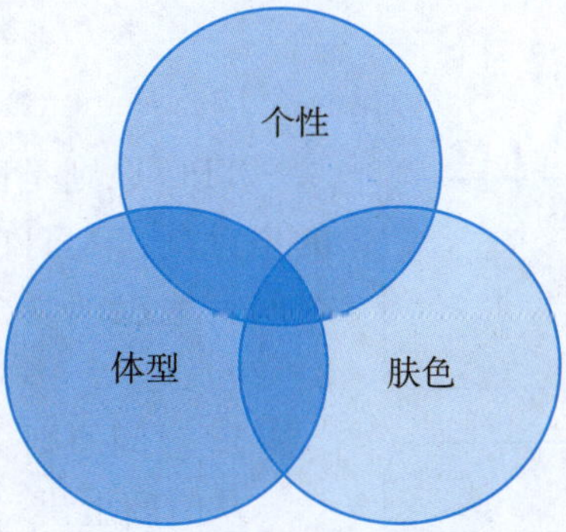

图3-28　协调原则

1. 配合身份与个性

着装既要符合自己的身份，也要配合对方的身份，这样有助于彼此的沟通。我们在选择服装时，要符合个人的气质。性格开朗的人，宜穿颜色较鲜明的衣服；性格较保守、严肃的，应穿颜色较低调、款式较保守的服装。

2. 配合体型

衣不合体会给人留下不好的印象，每个人均要明了自己体型的优点和缺点。

（1）体型肥胖的人：不宜穿色彩太艳丽或大花纹、横纹等服饰，这样会导致体型向横宽错视方面发展。宜穿深色、冷色的带小花纹、直线纹的服饰，以显清瘦一些。

（2）体型偏瘦高的人：宜穿浅色横条纹或有大方格、圆圈等图案的服饰，以视错觉来增加体型的横宽感。同时可选用红、橙、黄等暖色的服饰加以搭配，使之看上去健壮、丰满或更匀称一些。

（3）体型矮的人：尽量少穿或不穿色彩过重或纯黑色的服饰，免得在视觉上造成缩小感觉。不要穿那些鲜艳大花图案和宽格条的服饰，应该挑选素净色和长条纹服饰。

（4）体型太大的人：这里所说的“体型太大”，指的是高度与宽度都超过标准体型的人。这种体型不宜穿着颜色浅且鲜艳的服饰，最好避免选择大花格布的服饰，而代之以小花隐纹服饰，主要是避免造成扩张感，以免使形体在视觉上显得更大。

3. 配合肤色

（1）白皙皮肤：肤色白嫩者，适合穿各种颜色的衣服。大部分颜色都能令白皙的皮肤更亮丽动人，色系当中尤以黄色系与蓝色系最能突出洁白的皮肤，令整体显得明艳照人。

（2）淡黄或偏黄皮肤：皮肤偏黄的宜穿蓝色调服装，酒红、淡紫、紫蓝等色彩能令面容更白皙，但强烈的黄色系如褐色、橘红等能不穿则不穿，以免令面色显得更加暗黄、无光彩。

（3）肤色较黑：可以选一些比较明亮的颜色，如浅黄、鱼肚白、粉白等，以强化肌肤的健美感。

（二）TPO 原则

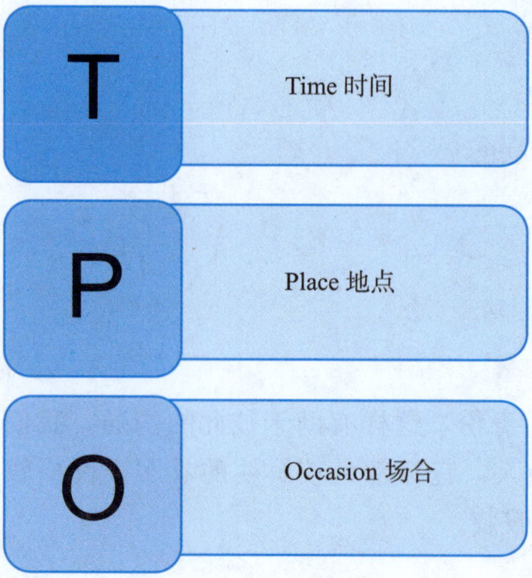

图 3-29　TPO 原则

TPO 原则是国际上公认的穿衣原则。它的主旨是：人们在选择服饰时注意与特定的时间、地点、场合的要求协调。其内容见图 3-29。

1. 时间原则

从时间上讲，一年有春、夏、秋、冬四季的交替，一天有 24 小时变化，显而易见，在不同的时间里，着装的类别、式样、造型应因此而有所变化。比如，冬天要穿保暖、御寒的冬装，夏天要穿通气、吸汗、凉爽的夏装。白天穿的衣服需要面对他人，应当合身、严谨；晚上穿的衣服不为外人所见，可以宽大、随意等。

2. 地点原则

在不同的地点，着装的款式也应有所不同，即特定的环境应配以与之相适应、相协调的服饰，以获得视觉与心理上的和谐感。民航员工在工作时，服饰应当合乎本单位、本部门的规范，做到正规、干净、整洁、文明。例如，把运动衣、牛仔服、拖鞋穿到工作场合，都是与环境不相符的。

3. 场合原则

衣着要与场合协调。与顾客会谈、参加正式会议等，衣着应庄重、考究；听音乐会或看芭蕾舞，应按惯例着正装；出席正式宴会时，应穿中国的传统旗袍或西方的长裙晚礼服；在朋友聚会、郊游等场合，着装应轻便、舒适。试想一下，如果大家都穿便装，你却穿礼服就有欠轻松；同样地，如果以便装出席正式宴会，不但是对宴会主人的不尊重，也会令自己尴尬。

（三）“三色五纯”原则

1. 三色原则

三色原则，即与制服一同穿着的衬衫、领带、帽子、鞋袜，包括制服本身在内，其色彩总量应限定在三种以内。一般选用蓝色、黑色和灰色。蓝色会给人整齐、规范的感觉；黑色显得庄重、肃穆；灰色则显得成熟、稳定。因此，大部分民航企业制服的颜色选用蓝色调，既大方、庄重，适合中国人的皮肤颜色，又有蓝天寓意，是传统的“航空色调”。

2. 五纯原则

一般情况，本着既经济实惠又美观体面的方针，服装的质地应当优先考虑纯毛、纯棉、纯丝、纯麻、纯皮面料，即五纯。

二、服装种类

服装大致可以分为职业装（见图 3-30）、校服、休闲服、民族服装、中式服装（见图 3-31）等。

图 3-30 职业装

图 3-31 中式旗袍

民航新闻

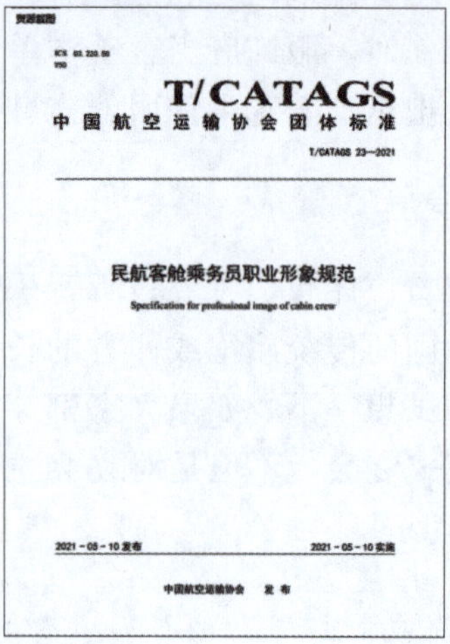
T/CATAGS

中国航空运输协会团体标准

T/CATAGS 23—2021

民航客舱乘务员职业形象规范

Specification for professional image of cabin crew

2021－05－10发布　　2021－05－10实施

中国航空运输协会　发布

民航人服务着广大的国内外旅客，职业形象也在日益提升，展现了“真情服务”“民航形象”。由中国航空运输协会编制的《民航客舱乘务员职业形象规范》正式对外发布，这是我国民航业首个关于乘务员职业形象的团体标准，被认为将进一步助力提升整个行业的知名度、美誉度及社会公众对行业的信赖度。《民航客舱乘务员职业形象规范》是客舱乘务员职业形象管理工作的规范，主要涵盖了制服、配饰、发型、妆容、职业姿态、职业礼仪六个方面，旨在为民用航空公司设计客舱乘务员职业形象提供基础性和通用性规范，为促进中国民航客舱队伍整体建设，强化队伍“真情服务”意识，“立足小客舱，服务大世界”，提升乘务员职业形象和促进客舱安全做出努力。

三、西装的穿法

职业服装是一种制服，穿上它表明我们已经职业化甚至具备以工作为重的品质。事实上，大多数人在穿上职业服装后举止也就不同了，他们会站得更直或举止更严肃。在职场上，公然违背着装规则会被视为对社会主流文化的挑战。无论是女性穿超短裙，打扮得珠光宝气，还是男性经常敞着衬衫领口，穿运动夹克衫，在职场上给人留下的印象可能都是：“我对工作不严肃”。通过正规着装可以向人传达出这样的信息：“我属于这里”，“我是一个专业人士”，“我的业务能力很强”。

（一）男士正装西服的着装礼仪

男士正装着装的礼仪

讲解提示：

1. 西服、衬衫、皮鞋
2. 领带半温莎结系法

现代男士西服基本上是沿袭欧洲男士服装的传统习惯而形成的，其装扮行为具有一定的礼仪意义。实例见图 3－32。

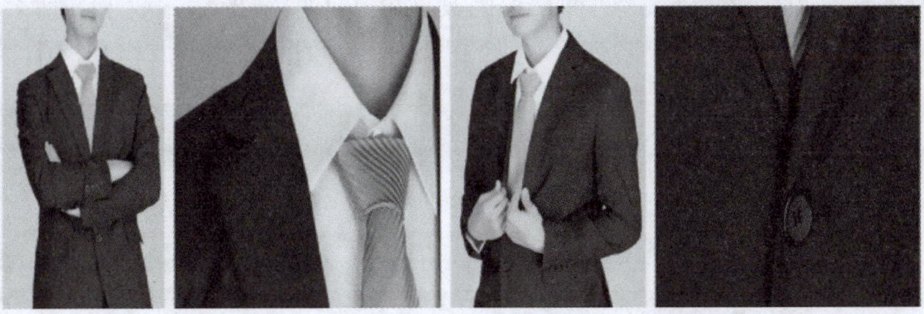

图 3-32 西装着装

1. 西装的款式

净色而颜色偏深的整套西装适于多种场合，最能派上用场。双排扣西服给人以庄重、正式之感，多在正式场合穿着，适合正式的仪式、会议等；单排扣西服穿着场所普遍，宜作为工作装或生活中的休闲西服。

2. 衬衫

在套装与衬衫的组合上，衬衫的下摆要放入裤子里，整装后，衬衣领和袖口均要比外衣长出 1～2cm。净白色或白色的长袖衬衫是正式场合的首选。衬衫里面一般不要穿棉毛衫，天冷时，衬衫外面可穿一件羊毛衫。

3. 领带

领带被称为西装的“画龙点睛之处”，凡是正式场合，穿西装都应系领带。

(1) 领带的选择。

用于正式场合的领带，要选用单色。其图案应规则、传统，最常见的有斜条（见图 3-33）、横条、竖条、圆点、方格以及规则的碎花，它们多有一定的寓意。领带下端为倒三角形，适用于各种场合，比较传统。

图 3-33 斜条领带

(2) 领带的位置。

穿西装上衣系好衣扣后，领带应处于西装上衣与内穿的衬衫之间。穿西装背心、羊毛衫、羊绒衫、羊毛背心时，领带应处于它们与衬衫之间。不要让领带逸出西装上衣之外。

(3) 领带的结法。

领带扎得好不好看，关键在领带结打得如何。打领带结有三点技巧：其一，打得端正、挺括，外观上呈倒三角形。其二，在收紧领结时，有意在其下压出一个窝或一条沟，使其看起来美观、自然。其三，领带结的具体大小不可以太随意，应令其大体上与同时所穿的衬衫领子的大小成正比。穿立领衬衫时不宜打领带，穿翼领衬衫时适合扎蝴蝶结。

领带有六大结法：亚伯特王子结、温莎结、浪漫结、四手结（单结）、简式结（马车夫结）及十字结（半温莎结）。

1) 亚伯特王子结（见图 3-34）。适用于浪漫扣领及尖领系列衬衫搭配质料柔软的细款领带。正确打法是在宽边先预留较长的空间，并在绕第二圈时尽量贴合在一起。

2）温莎结（见图 3－35）。此种结形因其宽度较一般结形宽，故十分适合使用在意大利式领口（八字领）的浪漫系列衬衫上，与浪漫细致的丝质领带相互搭配。

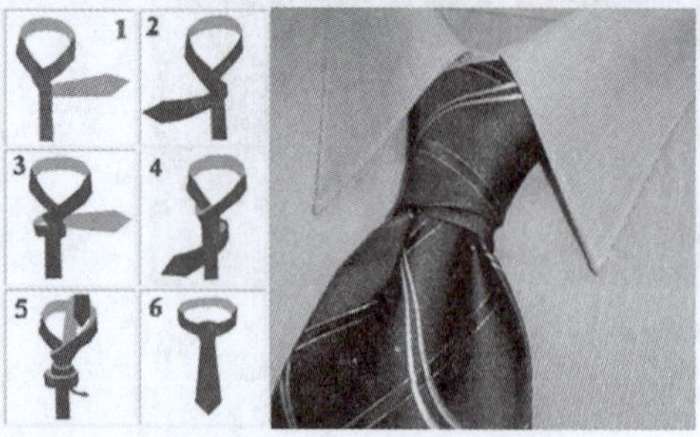

图 3－34　亚伯特王子结

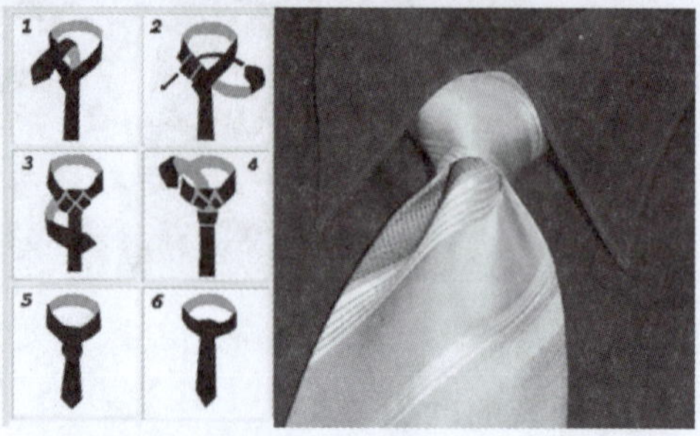

图 3－35　温莎结

3）浪漫结（见图 3－36）。适合用于浪漫系列的领口及衬衫。完成后将领结下方之宽边压以折皱可缩小其结形，将窄边往左右移动使其小部分露在宽边旁。

4）四手结（单结，见图 3－37）。这种方法是所有领结中最容易上手的，适用于各种款式的衬衫及领带。

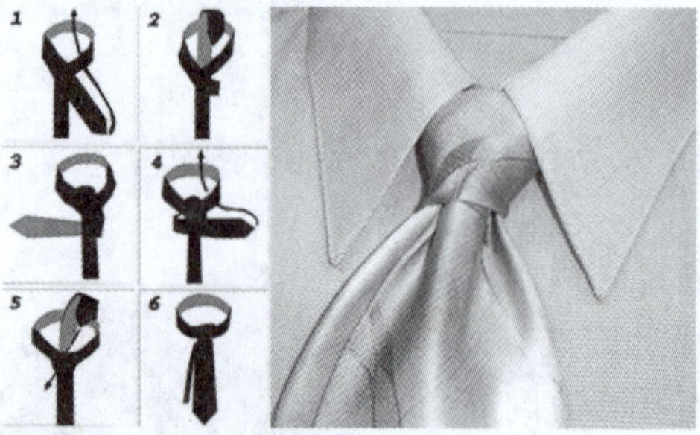

图 3－36　浪漫结

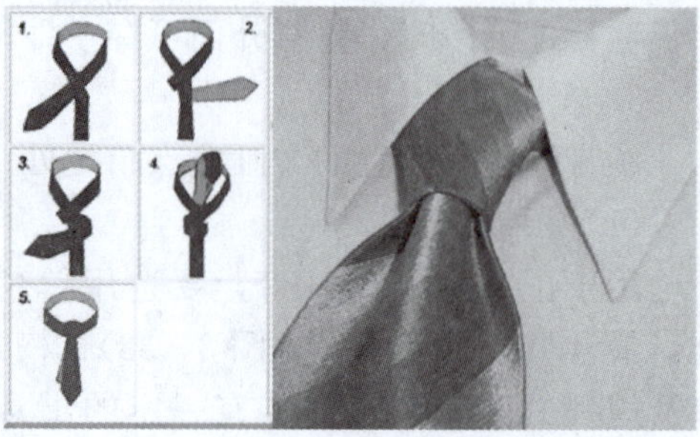

图 3－37　四手结（单结）

5）简式结（马车夫结，见图 3－38）。适用于质料较厚的领带，最适合搭配标准式及扣式领口的衬衫。将其宽边以 180°由上往下翻转，并将折叠处隐藏于后方，完成后可再调整其领带长度。

6）十字结（半温莎结，见图 3－39）。此款结形十分优雅及罕见，其打法也较复杂。使用细款领带较容易上手，最适合搭配浪漫的尖领及标准式领口系列衬衫。

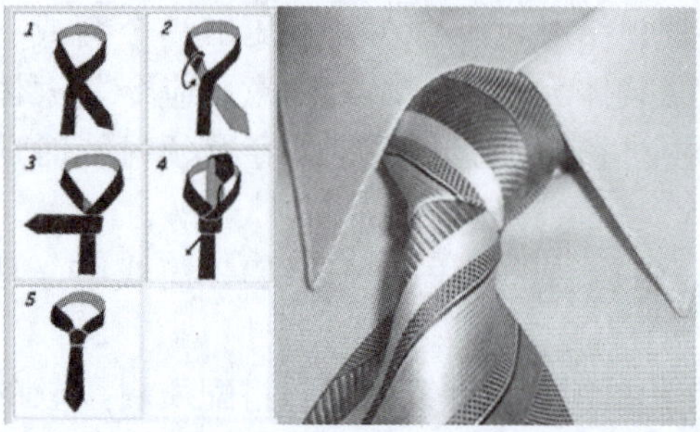

图 3－38　简式结（马车夫结）

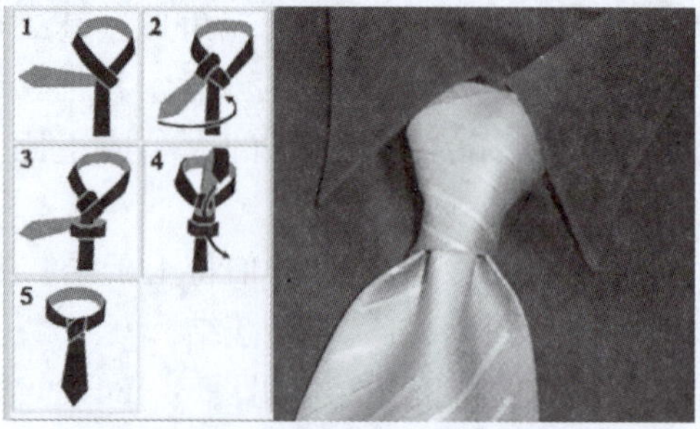

图 3－39　十字结（半温莎结）

（4）领带的佩饰。

打领带时，可酌情使用领带佩饰。领带佩饰的基本作用是固定领带，其次是装饰。常见的领带佩饰有领带夹、领带针、领带棒。使用领带夹的正确位置是，衬衫从上朝下数的第四粒、第五粒纽扣之间。

（5）领带的长度。

成人日常所用的领带，通常长 130～150cm。领带打好之后，外侧应略长于内侧。其标准长度应当是下端正好触及腰带扣的上端。不提倡在正式场合选用难以调节其长度的“一拉得”领带或“一套得”领带。

4. 扣子

穿着西装，在较隆重的场合必须系扣。穿两粒扣西服扣第一粒表示郑重，不扣扣子则表示气氛随意；三粒扣西装扣上中间一粒或上面两粒为郑重，不扣表示融洽；一粒扣西装以系扣和不系扣区别郑重和非郑重。

5. 袜子

深色的袜子可以配深色西装，浅色的袜子宜配浅色西装，忌用白色的袜子配西装。袜子的长度为宁长勿短。

6. 皮鞋

黑色皮鞋能配任何一种深颜色的西装。而漆皮鞋只宜配礼服。

民航服务人员的皮鞋要保持干净，做到鞋面无尘、鞋底无泥。鞋子擦得锃亮的人，会显得特别光鲜，容易给人以好感，脏兮兮的鞋子最不宜登大雅之堂。

7. 皮带

深色西装可配深色皮带，浅色西装则深色、浅色的皮带都可。此外，皮带的颜色应与皮鞋协调。

（二）女士正装西服的着装礼仪

女士正装着装的礼仪

讲解提示：

1. 西服、衬衫、皮鞋
2. 丝巾海芋结系法

女性的职业装既要端庄，又不能过于古板；既要生动，又不能过于另类；既要成熟，又不能过于性感。

案 例

邓玲在一家企业工作，领导派她代表公司前往上海参加一个大型的外贸商品洽谈会。为了给外商留下良好印象，邓玲精心打扮了一番，专门穿了一件蓝色的上衣和一条黑色的西裤。然而，在这场洽谈会上，有不少外商对她敬而远之，甚至和她打招呼的意愿都没有。

邓玲觉得很困惑：为什么会招来如此后果？

原来，国外商界人士认为：职业女性在正式场合穿着的服装中，套裙是首选。在邓玲参加的洽谈会上，几乎所有女士都穿着得体的西装套裙，而邓玲的着装稍显懈怠。在正式场合穿套裙不仅是对他人的尊重，也能显露女性的高雅气质和独特魅力。

1. 西装的款式

现代职业女性流行穿套裙，主要包括一件女式西装上衣，一条半截式的裙子。在正式场合，女士须穿着套裙制服，这样会显得精明、干练、成熟、洒脱，而且可以显示出女性的优雅、文静、庄重、大方。

一套在正式场合穿着的套裙，应该由高档面料缝制。上衣和裙子采用同一质地、同一色彩的素色面料，上衣注重平整、贴身，最短可以齐腰。值得注意的是：袖长要盖住手腕。裙子要以窄裙为主，并且裙长要到膝或者过膝，最长则不要超过小腿的中部。

女性职业装的色彩应当以冷色调为主，借以体现出着装者的典雅、端庄。为了与时代接轨，也应保持点“流行色”，使传统与现代完美结合。正装基础色彩是黑白两色，搭配一些含灰量较多的色彩比较适合，另外点缀些小面积的艳丽色彩。

2. 衬衫

白衬衫可说是职业装的最佳搭档，以高雅、清新的风格成为白领丽人的必备单品。它的魅力在于以不变应万变的百搭风格。利用不同色系的腰带或丝巾，使平淡的白衬衫平添一种青春亮丽的亲和感。

3. 鞋、袜子

与套裙配套的鞋子，宜为皮鞋，且以黑色为正统。鞋子切忌成为全身颜色最鲜艳之处，黑色、灰色、米色、咖啡色等中性色，可与大多数颜色的服装相配，永远是上班族女性的最佳拍档。在严肃的工作场合中，露出脚趾的鞋款无疑会令你的形象大打折扣，在重要的正式场合是不能穿着凉鞋的。鞋子宜为高跟、半高跟的船式皮鞋或盖式皮鞋，民航服务业女员工鞋跟不宜超过 5cm。

袜子的颜色以肉色、黑色、浅灰、浅棕为最佳，最好是单色。鞋、裙的色彩必须略深于或同于袜子的色彩，并且鞋、袜的图案与装饰均不宜过多。要保证鞋袜完好无损。长筒袜和连裤袜是套裙的标准搭配。鞋袜不可当众脱下，也不可以让鞋袜处于半脱状态，袜口不可暴露在外，或不穿袜子，这些都是公认的既缺乏服饰品味又失礼的表现。

4. 丝巾

丝巾的装饰作用越来越突出。目前，大部分民航企业都有自己统一的丝巾装饰。丝巾的两种打法见图 3-40 和图 3-41。

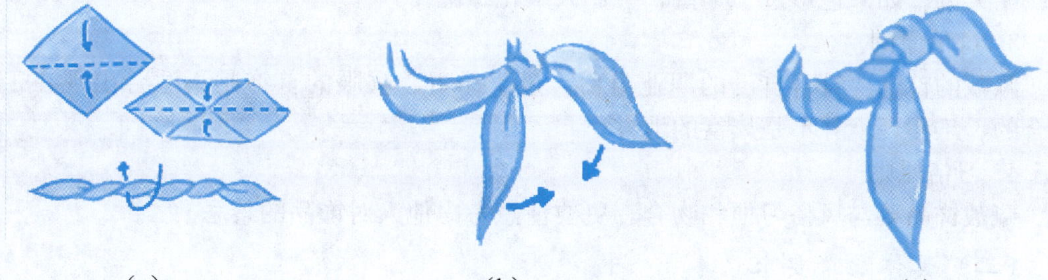

(a)　　(b)　　(c)

图 3-40　海芋结

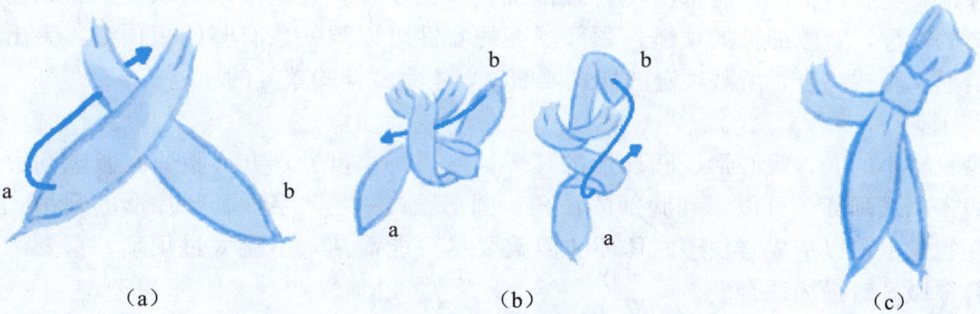

(a)　　(b)　　(c)

图 3-41　凤蝶结

四、饰品搭配

情境链接

一位女性高级主管去参加一个商业酒会，她换上了一套准备好的西服套裙，然后携带日常上班用的线布提包就去了饭店。到了酒会上她才发现，其他女士大都拎的是皮质手提包或缎面的小包，她的提包看上去与现场气氛很不协调，令她感觉浑身不自在。

思考·讨论

饰品搭配对着装起着画龙点睛的作用，你知道哪些饰品搭配方面的知识？

（一）佩戴原则

饰品的佩戴应符合以下原则：

1. 数量原则

全身上下的饰品数量不能超过 3 件，否则会显得凌乱。

2. 色彩原则

饰品的佩戴要讲究风格统一，各种饰品要尽可能做到同质同色，这样才能给人感觉端庄大方。如果色彩过于丰富，会让人眼花缭乱。

3. 身份原则

佩戴的首饰要符合自己的职业身份。过于昂贵、耀眼的首饰是不适合出现在工作场合的，工作环境并不是炫富的地方。

4. 习俗原则

佩戴饰品要与风俗习惯相吻合，更要注意考虑他人对饰品的禁忌。

（二）具体配饰要求

1. 项链

项链要与脸形搭配。脸部清瘦且颈部细长型的女性，宜戴单串短项链；脸圆而颈部粗短的女性，宜戴细长的项链；颈部漂亮的女性可以戴一条有坠的短项链，突出颈部的美丽。正式场合，所戴项链的样式要简单，不宜戴样式繁复的项链。

2. 耳环

身材矮小的人，戴心形、圆珠形的耳环，显得娇小可爱；方形脸适宜佩戴圆形或卷曲线条吊式耳环，可以缓和脸部的棱角；圆形脸戴“之”字形、叶片形的垂吊式耳环，在视觉上可以造成修长感。耳环的佩戴要尽可能简洁，不能太过烦琐。重要的正式场合佩戴耳钉最为适合。

3. 戒指

戒指应与指形相搭配。手指短小，应选用镶有单粒宝石的戒指，指环不宜过宽，使手指看起来较为修长；手指纤细，宜配戒面较宽的戒指，如长方形的单粒宝石，会使手指显得更加纤细、圆润。

戒指佩戴在左手，一只手佩戴数目不要多于两个。佩戴在食指上，代表尚未恋爱，正在求偶；佩戴在中指上，代表已有意中人，正在恋爱；佩戴在无名指上，代表已正式订婚或已结婚；佩戴在小指上，代表誓不婚恋，独身主义；佩戴在大拇指上，代表权力和威严。

五、职业装着装注意事项

情境链接

衬衫褶痕带来面试尴尬

一名刚毕业的大学生准备参加应聘面试。他买了件新衬衫，在面试当天才拆开。他并不在乎衬衫上有褶痕，因为穿上西装就能挡住。但是，没料到面试过程中，主试者却让他把西装脱了好放松一点。他当时就傻眼了，满脑子想的都是衬衣上的褶痕。

思考·讨论

在穿着正装西服和制服时，应该注意哪些礼仪细节？

（一）忌脏

穿着制服，必须使之保持干净而清爽的状态。对制服的清洁与否，一定要时刻留意。一旦发觉它被弄脏，应当马上换洗。换言之，对制服定期或者不定期地进换洗，应当成为每一位民航服务人员用以维护自我形象的自觉而主动的行动。不仅如此，除制服之外，与之同时配套穿着的内衣、衬衫、鞋袜，也应定期换洗，绝不可容忍其长期“值班”。

在旅客面前，民航服务人员所穿的制服必须无异味、无异物、无异色、无异迹。若是汗臭扑鼻，或遍布油垢、汗迹、汤渍、漆色，并不表明着装者勤劳辛苦，反而会令人感到肮脏不堪。

（二）忌皱

穿着制服，另外一个重要的要求是其整整齐齐、外观完好。由于制服所用的面料千差万别，并非所有的制服都能够做到悬垂挺括、线条笔直，但是不使其皱皱巴巴、折痕遍布，却是每一名民航工作人员均应做到的。无论从哪一个方面来说，身穿一套折皱制服的人士，都难以赢得他人的尊敬。

为了防止制服产生折皱，必须采取一些必要的措施。例如，脱下来的制服应当挂好或叠好，切勿信手乱扔。洗涤之后的制服，要进行熨烫。穿制服时，不要乱倚、乱靠、乱坐等。最重要的是，要在思想上认识到，满是折皱的制服是丑的。

（三）忌破

在工作之中，服务人员所穿的制服有时会在一定程度上形成破损。除了“工伤”这一因素之外，制服穿着的时间久了，也会自然“老化”，如开线、磨毛、磨破、纽扣丢失等。

发现制服“挂彩”之后，应采取必要的补救措施，并且根据其具体情况分别加以对待。一般情况下，一旦制服在外观上发生明显的破损，如掉扣、开线或形成破洞等，就不宜在工作岗位上继续穿着。千万不可视而不见，听之任之。对破残的制服，应分别进行处理。若其为劳动服，则经过认真修补后，仍然可以再穿。但不应对破残之处敷衍了事，在此贴胶布或别别针都是不规范的。若破残之处经过修补后痕迹明显，如需要打补丁或换上式样不配套的纽扣之类，则不宜再在工作场合穿着。

（四）忌乱

在穿制服的单位里，最忌讳一个“乱”字。服务人员穿制服时所谓的“乱”，主要反映在如下两方面：

一方面，有人不按照规定穿制服。在某些要求穿制服的单位里，总有个别人以“忘记了”“不舒服”“不合身”“不喜欢”为由，拒绝穿制服。他们甚至自以为美地将街市装、宴会装、沙滩装、卧室装穿到单位来，不仅让别人搞不懂他们的工作态度，而且破坏了本单位的制度和秩序，让外人觉得本单位管理不严。

另一方面，有人穿制服时不守规矩。在有些单位里，一些人虽然按规定穿了制服，但却自行其是、随便乱穿。比如，敞胸露怀、不系领扣、高卷袖筒、挽起裤腿、乱配鞋袜、不打领带、不束衬衫下摆等。如此种种做法，也有损制服的整体造型。客观地讲，这些做法的危害性并不亚于不穿制服。

另外，工作制服是为体现身份或者方便工作的服装，因此只适宜在工作岗位上穿着，下班后应立即换上便装，不要穿着制服逛街、就餐、娱乐，也不要穿着工作服到商场、车站这类人员密集的场所。

小提示

民航服务人员着装要求

1. 工作期间必须穿着统一的制服。春秋装和冬装不得混穿。款式不允许以任何方式修改，由于体重改变需要修改制服的，需交到公司指定的裁缝那里去修改。制服应保持干净整洁，经常清洗熨烫，裤子应有明显的裤线，不得有油渍、汗渍、墨水等。衬衫至少每两天清洗一次。穿着制服上衣时要求把纽扣全部扣上。不得将制服的袖口或裤脚挽起。穿着衬衫时，领口和袖口应扣好，并须将下摆收在长裤或裙子内，不得外露。不能穿有破损的袜子。每日上岗前，应将皮鞋擦净擦亮。工号牌佩戴在左胸上方。

2. 若戴手表，则必须戴走时准确的手表，手表的设计以简单为宜。表带应是银色、金色的金属表带或皮质表带，宽度不得超过 2cm，颜色限制在黑、棕、棕褐、灰色，不得佩戴其他各类型手表及系挂怀表。

3. 若戴戒指，只允许佩戴戒环宽度不超过 2mm 的金、银质或钻石细戒一枚。

4. 若戴项链，只允许戴一条纯金或纯银的宽度不超过 3mm 的项链，相配坠饰物不得过于夸张。项链不得戴在制服外面。

5. 女员工仅限每只耳朵戴一枚耳钉，共戴两枚，款式不得夸张；男员工耳部不得佩戴饰物。

6. 上岗期间，男女员工一律不得佩戴胸花、手链、脚链。

7. 员工进入候机楼、办公楼一律不得戴太阳镜。

8. 香水的喷洒适度，以距离 1 米闻不到为宜。

最美民航人

机场制服英姿飒爽，服务细节优化创新

——记党的二十大代表、上海虹桥机场安检护卫保障部旅检一科党支部书记吴娜

在以出众服务品质和卓越出行效率享誉中国民航的上海虹桥国际机场，每当有旅

客走进T2航站楼安检区，出发9号旅检通道的“吴娜通道”标志便会跃入眼帘。在标志背后，是一位15年坚守在安检一线的优秀共产党员——上海虹桥机场安检护卫保障部旅检一科党支部书记、全国劳模、党的十九大和二十大代表吴娜。

2006年，18岁的吴娜在上海民航职业技术学院学习，当需要到民航单位实习时，她选择了虹桥机场安检岗位。当时，她选择的理由是“安检制服好看”。2007年，吴娜从学校毕业后，正式成为虹桥机场的安检员，加入了安捷组。作为坚守关键岗位的团队，虹桥机场安检的品牌班组安捷组是一个有着优良传统的劳模集体。在这个光荣的集体实习，除了英气的机场安检制服，吴娜对安检岗位的职责有了更深入的了解，也在前辈的言传身教中明确了投身安检事业的职业理想。虽然做好安检工作的动力不再源于“制服好看”，但不变的爱美之心和有闯劲、爱思考的习惯，让吴娜在走上工作岗位之后便琢磨起了工作流程优化创新。

“服务就体现在这些细节上”。吴娜首创的“登机牌折叠法”被推广到了虹桥机场所有安检通道。她还首创了“姓氏称谓法”“生日祝福法”等一系列服务，提出了“不要让旅客做判断题，只让旅客做选择题”服务法。“吴娜通道”试行了“长通道”。经测算，通道加长后，暑期旺季虹桥机场单个安检通道的通行能力从2.1人/分钟提升到了2.6人/分钟。吴娜工作室研究编制了虹桥机场安检《自助验证闸机使用方案》《自助验证闸机使用手册》，形成了一套匹配自助验证系统运行的岗位操作标准，并围绕新系统设备，从布局到各类运行方案、手册、应急预案编制等方面，完善了自助验证系统的配套运行管理措施。从2021年12月开始，虹桥机场有4条安检通道进一步试行智能通道。这个创新项目运用了自动化传输、人脸识别、RFID（无线射频识别）技术，代表了机场安检发展的新方向。在这些通道里，旅客在把随身行李放进安检筐的同时，筐上的智能设备就能实现“人包绑定”，筐会自动跟着人走，无须旅客推动；智能通道安检仪后面的传送带也能一分为二，需要开箱和不需要开箱的行李会自动“分道扬镳”；从前，用过的安检筐只能由人工拿回前传岗位，智能通道则实现了自动回传，并且加装了紫外线消毒设备……其间，吴娜带领团队群策群力，为智能通道的设计建设贡献了安检一线员工的智慧。

学生拓展活动

1. 练习领带的结法、丝巾的系法。
2. 训练按着装规范穿着制服。
3. 以班级为单位，做职业形象礼仪展示。要求配以音乐，结合仪态规范练习。

◆ 评价

请学生代表与学校教师代表为学生作职业形象评价（见表3-1）。

表 3-1　评价项目

仪态规范到位	仪容干净整洁	外套	衬衫	马甲	裤子	皮带	裙子	袜子	鞋	帽子

每项分3、2、1三个等次，3为完美、2为有所欠缺、1为有瑕疵。评选出班级最佳职业形象奖。

贴照片处	贴照片处
（a）半身照片	（b）全身照片

看我——本人职业形象展示

测一测

1. 在套装与衬衫的组合上，衬衫的下摆要________，整装后，衬衣领和袖口均要比外衣长出________cm左右。________色的长袖衬衫是必不可少的基本服装配件。

2. 穿着西装，在较隆重的场合扣子注意要________；穿两粒扣西服扣第一粒表示________，不扣扣子则表示________；三粒扣西装扣上________或________为郑重，不扣表示融洽；一粒扣西装以系扣和不系扣区别郑重和非郑重。

3. 穿西装上衣系好衣扣后，领带应处于________与________之间。

4. ________色（深、浅）袜子可以配深色的西装。________（深、浅）色的袜子能配浅色西装，但不宜配深色西装。忌用________色袜子配西装。袜子长度的原则为________。

5. 在正式场合，女性穿裙子配________袜或________袜，颜色以________色、________色最为常用。________、________或________的袜子，都不能穿着外出；不能在公共场合整理袜子，________不能外露。

6. 皮鞋要保持清洁，做到________________。

7. ________色皮鞋能配任何一种深颜色的西装。________色（深、浅）的鞋子决不宜配深色的西装，________色（深、浅）的鞋也只可配浅色西装。

8. 民航服务行业要求工作期间必须穿着________的制服。春秋装和冬装不得混穿。制服应保持干净整洁，经常清洗熨烫，裤子应有明显的________，不得有________、________、________等。衬衫至少每________天清洗一次。着制服上衣时，纽扣应________；不得将制服的袖口或裤脚________；穿着衬衫时，领口和袖口应________，并须将下摆收在长裤或裙子内，不得________。每日上岗前，应将皮鞋擦净。

第四章 民航服务人员语言运用礼仪

交谈时的温和友善比妙语风趣更使人欢愉，它给人以一种比美貌更为悦人的风仪。

学习目标

知识目标

1. 了解语言运用的原则。
2. 了解常用的礼貌用语。

能力目标

1. 会使用礼貌用语和相关称呼用语为旅客提供服务。
2. 能流畅地与人沟通、交流。

素养目标

1. 通过结合十种礼貌用语进行语言交流训练，引领学生友善待人，体现社会主义核心价值观。
2. 推广国家通用语言文字，加强民族团结和凝聚力。

在民航服务过程中，我们每天难免要和旅客、同事说话。说什么，怎么说，什么话能说，什么话不能说，都应“讲究”。可以说，“说话”也是一种艺术。要把自己培养成一名有礼有节的员工，在说话时一定要做到言之有“礼”。

第一节 语言运用的一般原则与技巧

情境链接

一个关于说服的小笑话

一艘游艇出事了，在慢慢下沉。船上有来自各国的企业家。船长命令大副：“赶快通知那些先生们，穿上救生衣，马上从甲板上跳海。”但是大副一会儿就回来了，报告说没人跳。船长只得亲自去通知。没多久，乘客都顺从地跳下去了。大副大为惊诧，船长说：“我告诉英国人跳海是一种运动；告诉法国人，跳海是一种别出心裁的游戏；我同时警告德国人，跳海可不是闹着玩的；而对美国人说，已经为他们办了巨额保险。”

思考·讨论

语言的运用很微妙，以上案例说明了什么道理？在语言运用中还应该注意什么？

一、语言运用的一般原则

（一）理智性原则

使用语言要有目的性：

（1）传递信息，表达情感。

（2）引起注意，唤起兴趣。

（3）取得信任，增进了解。

（4）进行鼓励，大力激励。

（5）予以说服，加以劝告。

（二）适应性原则

语言运用要注意场合、时机、对象。

（三）得体性原则

使用语言要巧妙地处理好主客、褒贬、软硬、深浅的辩证关系。

（四）平易性原则

说话时要保持平易近人、温文尔雅、不急不躁，忌声色俱厉。

（五）综合性原则

口语、动作、表情、音响、灯光、室内色彩等因素对语言使用的效果都会有一定的影响，要注意整体把握。

二、语言运用技巧

民航服务人员运用语言时要注意语音的控制，发音要准确，吐字要清楚，要讲普通话。说话过程中，语气要有抑扬顿挫，表现出服务人员的热情、专业。速度要适中，以 60～80 字/分钟为宜。

最美民航人

亲历护航“万里归途”，一声“谢谢”真情流露

——记党的二十大代表、东航客舱服务部乘务二部分部高级经理刘仕英

2022 年国庆长假，电影《万里归途》上映，成为现象级的热门话题。对党的二十大代表、上海市劳动模范、东航客舱服务部乘务二部分部高级经理刘仕英来说，热映影片所表现的跨越万里从动荡北非接运同胞返回祖国的归途，正是她曾经亲身参与保障的航程。入职十多年来，从响应号召、飞往祖国和人民最需要的地方，到在日常工作中精心打磨每一个服务细节，她始终担当使命于蓝天之上，让党徽生辉于万米机舱。

2011 年 2 月 1 日，农历除夕前夜，利比亚、埃及等北非多个国家陷入动荡，我国政府着手组织撤运当地中方人员，这也是中国民航首度在海外大规模撤运同胞。因为当地局势骤紧，已经有部分同胞逃离战乱地区，航班必须马上出发。备份工作结束、正开车回家的刘仕英突然接到任务：“赶紧回来，准备去埃及！”刘仕英立刻掉转车头，折回东航客舱部。从上海浦东机场启程，飞行十多个小时后，包机抵达赫尔格达。看到同胞们走出摆渡车的那一刻，本已疲惫的刘仕英精神一振：“几乎每个人都是一路小跑着上的飞机，他们看到我们说的第一个词就是‘谢谢’，眼中微微湿润。我强烈感受到，他们是多么急切地盼望着我们的到来，渴望能回到祖国！”她深知，在当地的动荡局势中，挂着中国航司航徽的飞机、温暖的东航客舱，就是万里之外祖国的象征，就是同胞们回家期望的寄托。坚守与抚慰，则是身为民航“国家队”一员的责任。几经周折，飞机在等待了近 7 小时之后，终于返回祖国，于大年初一下午降落在北京首都机场。

第二节 礼貌用语

情境链接

千篇一律的问候

一天中午，一位住在某饭店的客人到饭店餐厅去吃饭，当他走出电梯时，站在电梯口的一位女服务员很有礼貌地向他点点头，并且说："您好，先生！"他微笑地回道："你好！"当他走进餐厅后，引位员说了同样的一句话："您好，先生！"他微笑着点了一下头，没有开口。当他吃完午饭后，到饭店的庭院中遛遛，走出内大门时，一位男服务员又对他说同样的一句话："您好，先生！"

这时这位客人下意识地只是点了一下头了事。等到他重新走进内大门时，迎头见到的仍然是那个服务员，"您好，先生"的声音又传入他的耳中，此时这位客人已感到不耐烦，默默无语地径直去乘电梯准备回房间休息。恰好在电梯口又碰见那位女服务员，他自然又听到那一成不变的套话："您好，先生！"客人实在不高兴了，装出没有听见的样子，皱起了眉头，而这位女服务员却丈二和尚摸不着头脑！

这位客人在离店时，给饭店总经理写了一封投诉信，信中写道："……我真不明白你们饭店是怎样培训员工的？在短短的中午时间内，我遇到的几位服务员竟千篇一律地简单重复一句话'您好，先生'，难道不会使用其他的语句吗？"

思考・讨论

分析上述案例，请思考：进行服务问候时，还可以说些什么？服务用语怎样说才符合礼仪规范？

一、主要特点

服务人员的礼貌用语有主动性、约定性、亲密性的特点。

主动性是指要做到口到、心到、意到，从言谈举止中迅速把握旅客的心情，主动了解旅客的愿望，尽量站在旅客的立场上说话办事。约定性是指在使用礼貌用语时，要使用约定俗成、沿用已久的内容，不要标新立异、独树一帜，不具有规范性，以致影响到服务质量。亲密性是指服务语言要表达出服务人员的亲切、自然，为旅客创造愉快的服务氛围。

二、常用类型

礼貌用语分以下一些类别，具体见图 4－1。

图 4－1　常用类型

（一）问候用语

问候用语指的是问好、打招呼。适用于相见之初，彼此向对方询问安好，致以敬意。

（1）使用时机：主动服务于他人时；他人有求于自己时；他人进入本人服务区域时；相距很近或四目相对时；自己主动与他人联络时。

（2）使用顺序：服务人员先向服务对象问候；身份较低者先向身份较高者问候；当被问候者不只一人时；可以统一问候，也可以由尊向卑或者由近而远问候。

（3）使用要求：简练、规范。

（4）分类：问候用语分标准式问候、时效式问候两种形式。标准式问候用语是最常用的问候方式，如“你好”“刘先生好”“主任好”“老师好”；时效式问候用语要加上特定的时间段，问候会更加生动，如“下午好”“早上好”“新年好”“晚安”。

最美民航人

依晨收到一位旅客的来信，其中一句话令她印象深刻：“她就像在对一个朋友说话……一下子拉近了我们的距离。”其实那天航班上依晨与这位旅客并没有过多地交谈。B737 是中午的航班，客舱内空调系统不太好，使得原本拥挤的航班显得更加闷热，这也使那位旅客的心情变得非常烦躁和不安，当他怒发冲冠地向依晨发泄不满时，依晨没有说太多，只是认真地倾听了他的抱怨，用关切的眼神看着他，以一种朋友的心态去理解他。依晨对他的说法表示了认同与理解，然后以一种聊天式的轻松口吻向他说明了原因，并为他及时送上一杯冰凉的饮料，帮他打开头顶上方的通风口，这些简单的动作和语言深深地打动了他，也让他们成为朋友。“朋友”——多好的字眼！深深地感谢那位旅客，他读懂了服务。把旅客当作朋友——这正是我们工作的准绳及追寻的方向。

在服务中，往往由于说话方式、内容的不同，会给民航服务工作带来不同的结果。一句动听的语言，会给航空公司带来很多回头客；也可能由于一句难听的话，旅客永远不再乘坐这家航空公司的飞机。他可能还会将他的遭遇告诉其他旅客，得罪了一名旅客就有可能得罪十名或上百名旅客。所以，民航服务人员良好的职业道德修养是从业的首要条件，也是为民航服务业树立形象、增强竞争力的必需。

（二）迎送用语

有迎有送，配套使用，有始有终。

（1）欢迎用语。

如“欢迎光临”“恭候光临”“欢迎您到来”“见到您很高兴”“王经理，欢迎”“欢迎再次光临”……服务中要配合目光、微笑、鞠躬、握手等使用欢迎用语，与身体要配合协调，让旅客感受到自己的热情。

（2）送别用语。

如“再见”“慢走”“欢迎再来”“一路平安”“您走好”。

（三）请托用语

请求他人帮忙或托付他人代劳时的用语为请托用语，分为三种形式：

（1）标准式，如“请”“请稍候”“请让一下”等。

（2）求助式，如“劳驾”“拜托”“打扰”“借光”“请关照”等。

（3）组合式，如“请您帮我一个忙”“劳驾您替我扶一下这件东西”“拜托您为这位大爷让一个座位”等。

（四）致谢用语

致谢时态度要谦虚、真诚。致谢用语分三种形式：

（1）标准式，如“谢谢”“谢谢您”“金先生，谢谢您”等。

（2）加强式，如“十分感谢”“非常感谢”“多谢”等。

（3）具体式，如“让您替我们费心了”“上次给您添麻烦了”等。

（五）征询用语

征询旅客的意见分为两种形式，在服务中要酌情使用，效果较为微妙。

（1）封闭式：限定答案的范围，让旅客在一定范围中选择。如：“请问，您是需要咖啡还是果汁？”“您是不是先试试？”等。

（2）开放式：让旅客随意选择，显得更尊重一些。如：“您觉得我们的服务怎么样？”“请问您需要什么？”等。

（六）应答用语

服务礼仪中讲究及时应答，在与旅客的交流中，要主动使用应答语，且多多益善。

（1）肯定式：“是的”“好”“随时为您效劳”“我知道了”等；

（2）谦恭式：“这是我的荣幸”“您太客气了”“过奖了”“请多多指教”等；

（3）谅解式：“不要紧”“没关系”“不必”“我不会介意”等。

（七）赞赏用语

使用时宁缺毋滥，以创造愉快心情。

（1）评价式：“太好了”“真不错”“十分漂亮”“对极了”等；

（2）认可式：“还是您懂行”“真是您说的那么一回事”等；

（3）回应式：“哪里”“我做得还不够”“承蒙夸奖”“真是不敢当”等。

（八）祝贺用语

（1）应酬式："祝您成功""事业成功"等；

（2）节庆式："新年好""生日快乐"等。

（九）推托用语

在解释原因或者回绝对方时，一定要讲究方式方法。如果语言得体、态度友好，往往可以化干戈为玉帛；反之，如果拒绝过于冰冷、生硬，如"不知道""不归我管""问别人去""爱找谁找谁去"，则令对方不快，甚至挑起矛盾。

（1）道歉式："对不起，不可以……"等；

（2）转移式："您要不……""这件事我不是很清楚""我可以帮您问一下值班经理"等；

（3）解释式："我们这里规定，不能……"等。

在服务过程中，忌使用直接的拒绝，应该尽最大可能满足旅客的需求。如果的确需要拒绝，最好使用转移式、解释式推托用语。

（十）道歉用语

道歉时的态度一定要真诚。常用的道歉用语如"抱歉""对不起""请原谅""失敬了""给您添麻烦了""对不起，请稍等，我帮您问一下"等。

小提示

在日常生活中，敬语有一些习惯用语。如：初次见面说"久仰"，很久不见说"久违"，祝贺喜事说"恭喜"，请人批评说"指教"，请人原谅说"包涵"，求人解惑说"赐教"，托人办事说"拜托"，等待客人说"恭候"，看望别人说"拜访"，宾客到了说"光临"，陪伴客人说"奉陪"，中途先走说"失陪"，求给方便说"借光"，请人勿送说"留步"，与人告别说"再见"。

三、服务忌语

案 例

不会说话的服务员

在一家饭店的午餐时间，一个老年旅游团在此用餐。当服务员发现一位老人面前摆的是空饭碗时，就轻步走上前，柔声问道："请问老先生，您还要饭吗？"那位先生摇了摇头。服务员又问道："那先生您完了吗？"只见那位老先生冷冷一笑，说："小姐，我今年70多岁了，自食其力，这辈子还没落到要饭吃的地步，怎么会要饭呢？我的身体还硬朗着呢，不会一下子完的。"

由此可见，由于服务员用词不合语法和不规范，不注意对方的年龄，尽管出于好心，却在无意中伤害了客人，这不能怪客人敏感和多疑。在民航服务过程中，听旅客讲话时要专注，不要糊弄、应付，打断、抢白旅客讲话；在交流过程中，不要只关注某个人，冷落了其他人；忌使用粗俗的语言；忌讲关于个人隐私、低级的笑话、道听途说的内容；忌背后议论、出言不逊等。

小提示

民航服务礼貌用语示例

1. 问候用语：

“您好，有什么需要帮忙的吗？”

“先生，早上好，请出示您的登机牌和身份证（或护照）。”

2. 迎送用语：

“早上好，欢迎登机！”

“期待您再次乘坐××航空公司的航班！”

3. 请托用语：

过安检时，当行李被卡住：“请稍候，行李马上就来。”

4. 致谢用语：

“请您出示您的登机牌，谢谢。”

5. 征询用语：

“您打算预订什么位置的座位？”

“现在有靠过道的座位，您愿意靠前一些的还是靠后些的？”

“请问您的行李是托运到××（经停站），还是直接托运到××（终点站）？”

“对不起，先生，我能看看您的登机牌吗？”

6. 应答用语：

“好的，马上就去。”

“是，马上给您拿来。”

7. 赞赏用语：

旅客抱着小孩，面部很严肃，这时可夸奖小孩以缓和气氛：“小朋友真可爱！”

8. 祝贺用语：

“祝您旅途愉快！”

9. 推托用语：

“这个问题请您到××部门询问，办公室在……”

“对不起，请您稍等，我已经向领导反映了问题，领导正在想办法解决。”

10. 道歉用语：

“对不起，我不太清楚，我马上查询一下。”

“对不起，让您久等了。”

学生拓展活动

1. “五言十字”礼貌用语训练：

“五言十字”礼貌用语

讲解提示：

“您好”“请”“谢谢”“对不起”“再见”

2. 练习使用礼貌用语：

采用“每人一句”练习方法。要求每位学生依次说出一句礼貌用语，快速反应，发音、姿态准确。

3. 情境训练：

学生设计不同的民航服务情境进行礼貌用语训练，如问询服务、值机柜台服务（座位核实、行李问题、旅客特殊要求等）、引导服务、候机休息室服务、特殊旅客服务等。要求在服务过程中使用十种礼貌用语。

◆ 评价

学生每3人一组，服务组根据民航工作情境进行礼貌用语训练，教师与旅客组学生进行评价，见表4-1。

表4-1 礼貌用语评价表

组别	礼貌用语													分数
	问候用语 2分	迎送用语 2分	推托用语 2分	道歉用语 2分	请托用语 2分	致谢用语 2分	征询用语 2分	应答用语 2分	祝贺用语 2分	赞赏用语 2分	姿态表情 10分	语音语气 10分	语言技巧 10分	
1														
2														
3														
4														

评价分数：满分50分。40～50分为优秀，30～39分为合格，30分以下为不合格。

第三节　称呼用语

情境链接

为难的称呼

朱小艳进入一家新的单位，领导带她熟悉周围环境，并将她介绍给部门的同事。她非常恭敬地称对方为老师，大多数同事都欣然接受。当领导把她带到其中一位同事面前，并告诉小艳以后就跟着这位同事学习，有什么不懂的就请教她时，小艳更加恭敬地称对方为老师。这位同事连忙摇头说："大家都是同事，别那么客气，直接叫我名字就行了。"小艳仔细想想，觉得叫老师显得太生疏，但是直接叫名字又觉得不尊敬，一时不知道该怎么称呼对方比较合适。

思考·讨论

请你给朱小艳出出主意，她该怎么称呼这位同事呢？

新员工刚到单位时，不能随便以自己的想法来称呼对方，对难以把握的称呼，可以先询问对方，比如，"请问该怎么称呼您？"不知者不为怪，对方通常都会告知适宜的称呼。案例中，对方要求小艳直呼姓名只是客套话，作为一位新人，小艳最好不要这么做，可以礼貌地询问对方有没有其他称呼方式。在工作中，过分亲昵和过分生疏的称呼都是不提倡的。因此，我们要把握好称呼这门学问，做一位有礼貌的员工。

称呼指的是人们在日常交往中所采用的彼此之间的称谓语。称呼语是交际语言中的先锋官，在人际交往中，选择正确、适当的称呼，反映着自身的教养、对对方尊敬的程度，甚至还体现着双方关系发展所达到的程度和社会风尚。因此，选择称呼要合乎常规，要照顾被称呼者的个人习惯，并入乡随俗。在工作岗位上，人们彼此之间的称呼有其特殊性，要做到庄重、正式、规范。

一、称呼的原则

（一）礼貌原则

在称呼别人时，要讲究礼貌，常用的尊称有"您""贵""贤""尊"。

（二）尊崇原则

对职位比较高的同事或前辈，在称呼时，要体现自己对对方的尊敬。

（三）恰当原则

对对方的称呼要恰当。比如，可以对司机、厨师称师傅，但对医生、教师称师傅就不恰当了。

（四）主次原则

称呼时要由尊而卑，即先长后幼，先女后男，先上后下，先疏后亲。集体称呼也可以由近而远。

二、称呼的分类

称呼分为工作中的称呼和生活中的称呼。

（一）工作中的称呼

1. 职务性称呼

以交往对象的职务相称，以示对对方的尊敬，如经理、科长等。职务性称呼适用于极其正式的场合。具体称呼时，可称职务，也可在职务前加上姓氏，或在职务前加上姓名。

2. 职称性称呼

如果对方具有职称，可以直接以其职称相称，如教授、律师等。具体称呼方法：可只称职称，也可在职称前加上姓氏，或在职称前加上姓名。

3. 性别性称呼

对从事服务行业的人，一般可按其性别称呼“小姐”、“女士”或“先生”。“小姐”用于称未婚女性，在某些场合要慎用。可以加上姓氏，如“王小姐”。“女士”是对成年女性的称呼。

4. 姓名性称呼

在工作岗位上称呼姓名，一般限于同事、熟人之间，适用于一般工作场合。具体称呼方法是直呼其名，或只呼其姓，在前加“小”“老”等字，或只称其名，不呼其姓。

（二）生活中的称呼

生活中的称呼较为随意，可以称呼昵称、爱称等，但一定要注意场合，有不太熟悉的人在场时，称呼还是较正式为好。在工作中，不要使用生活中的称呼。

在民航服务工作中，会遇到不同的旅客，在称呼时，要根据旅客的身份有所区别。一般称呼为“先生”“女士”“小姐”等，也可根据实际情况称呼“老伯伯”“老奶奶”等，以表示对旅客的亲近，彼此间像家人一样，这是提高服务质量的技巧。对佛教人士，可称为“师父”。

小提示

不同国家姓名的组成顺序有所不同，具体见表 4－2。

表 4－2 不同国家姓名组成顺序

国家	姓名排列顺序
中国	通常是：姓 ＋ 名，如：张（姓）艳（名）
俄罗斯	其姓名一般由三个字节组成：本人名字 ＋ 父亲名字 ＋ 家族姓 如：列夫·尼古拉耶维奇·托尔斯泰
日本	姓 ＋ 名，如：小野丽莎
英美	名 ＋ 姓，如：乔治·布什（George Bush）

三、称呼的禁忌

案　例

有一位先生来到一家酒店的餐厅为一位女性外国朋友订做生日蛋糕。他对服务员说："小姐，您好，我要为我的一位女性外国朋友订一个生日蛋糕，附一份贺卡，你看可以吗？"服务员忙问："请问您的朋友是小姐还是太太？"这位先生也不清楚这位外国朋友是否结婚，他为难地抓了抓后脑勺想想说："小姐？太太？一大把岁数了，太太。"生日蛋糕做好后，服务员按地址到酒店客房送生日蛋糕，一女子开门，服务员有礼貌地说："请问，您是怀特太太吗？"那女子愣了愣，不高兴地说："错了！"服务员丈二和尚摸不着头脑，抬头看看房间号，打电话问那位先生——房间号码没错。再敲一遍门："没错，怀特太太，这是您的蛋糕。"那女子打开门大声说："告诉你错了，这里只有怀特小姐，没有怀特太太。"说完"啪"一声用力关上门，拒绝接受蛋糕。

在西方，特别是女子，很重视正确的称呼。如果搞错了，引起对方的不快，往往好事变成坏事。

（一）忌使用错误的称呼

常见的错误称呼一般是误读或误会。误读是念错对方的姓氏，这样是很不礼貌的。为了避免这种情况发生，可以事先问好别人，或者当面请教。误会是因为对对方的情况不了解，以致做出错误的判断。

（二）忌使用不通行的称呼

有些称呼，具有一定的地域性。比如山东人喜欢称呼"伙计"，但南方人认为"伙计"肯定是"打工仔"。中国人经常把配偶称为"爱人"，而在有些国家的语言里，"爱人"是"第三者"的意思。所以，要入乡随俗，在哪里工作，就遵从哪里的习惯。

（三）忌使用不当的称呼

对对方的称呼要谨慎、恰当。如果对方是公司的董事长，称其为"经理"就会贬低对方的地位，这是很无礼的。

（四）忌使用庸俗的称呼

有些称呼在正式场合不适合使用。如“兄弟”“哥们儿”一类的称呼，虽然听起来亲切，但显得档次不高。

（五）忌称呼外号

对于关系一般的，不要自作主张给对方起外号，更不能用听来的外号去称呼对方。也不能随便拿别人的姓名开玩笑。

小提示

民航服务行业问候称呼规定

问候旅客应使用敬语，如女旅客可称“女士”或“小姐”；男旅客一般称“先生”；问候有身份的旅客，可在其姓氏后加职业或职称、学位，如“王医生”“赵教授”“李博士”等；问候年老旅客，可为“老伯伯，您好”“老先生，您好”“老奶奶，您好”等。

客舱迎客语言服务流程训练

讲解提示：

客舱迎客语言服务八步法：

1. 女士（先生），您好！
2. 欢迎登机！
3. 请您出示一下您的登机牌。
4. 好的，请您拿好。
5. 您的座位在客舱中（前、后）部，请您往里走。
6. 您好，您的座位在这里。
7. 请您把大件行李放在行李架上，小件行李放在座椅下方。
8. 祝您旅途愉快！

值机语言服务流程训练

讲解提示：

值机语言服务六步法：

1. 女士（先生），您好！请您出示一下您的身份证件。

2. 请问您有手提行李吗？请您看一下首都机场手提行李安全提示。

3. 请问您有托运行李吗？请您将托运行李放到传送带上，谢谢！

4. 您好，请问您的座位需要靠窗还是靠过道？

5. 好的，请稍等。

6. 让您久等了，这是您的证件和登机牌。安检在您的后方，祝您旅途愉快！

学生拓展活动

1. 查找相关“交谈六不谈”“交谈四宜谈”“倾听”等语言方面的礼仪资料，同学之间互相交流。

交谈不宜谈的话题：

____。

交谈适宜谈的话题：

____。

2. 语言交流训练：

两人一组，就某一话题（体育、科技、实事、时尚等），进行语言交流训练。

要求：交谈时间为3～4分钟，谈话中涉及称呼、礼貌用语。语言表达清楚、口齿清晰。

3. 情境语言训练：

（1）一对老年的教授夫妇走进机舱，他们红光满面，精神矍铄，要去外地度假。每3人为一小组，轮流演示应当如何向教授夫妇打招呼。

（2）王先生是一位成功的商务人士，经常来往于北京和上海之间，与机组乘务人员非常熟悉。这一天，已经是晚上10:00了，王先生一脸疲惫地登上了由北京飞往上海的航班。两人一组，演示乘务人员应当如何与王先生打招呼。

4. 学生2～3人一组，自行设计民航服务情境，进行语言礼仪规范训练。

要求：运用本章语言礼仪规范知识，与旅客交流，帮助旅客解决出现的问题。

评价

由教师与观摩学生一起评价上述情境语言训练，评价项目见表4－3。

表4－3　评价项目

礼貌用语	称呼	语言运用	姿态、表情	语言效果

每一项分为3分、2分、1分三个等次，3分为完美、2分为一般、1分为有瑕疵。总计15分为满分，12～14分为优秀，7～11分为良好，6分及以下为不合格。

第五章
民航服务人员电话礼仪

仔细倾听和妥帖应答是我们在谈话艺术上所可能达到的最完美境界。

学习目标

知识目标

了解和掌握公务电话通话礼仪规范。

能力目标

模拟通话训练，锻炼应变能力和处理突发问题的能力。

素养目标

1. 通过介绍接听、拨打电话的流程及规范，引导学生遵守职业规范。
2. 通过结合通话中语言沟通的内容及形式，体现出文明、平等、友善。

打电话时，可以说是声为其人，因此，应特别注意措辞及说话方式。要注意语调和缓、明朗，给人一种亲切感，同时说话要清晰、明确。

工作情境任务

旅客就航班信息、机票情况致电航空公司客服进行问询，客服人员进行回复。

思考·讨论

观摩情境训练，找出航空公司客服角色演示同学在接听电话过程中的优点与不足，总结接听电话的正确方法及规范。

公务电话礼仪

讲解提示：

1. 拨打公务电话流程
2. 接听公务电话流程

第一节　拨打、接听公务电话礼仪

情境链接

情境一

“喂，王姐，你的电话，是个男的。”小赵接了一个电话，大声地招呼王姐过去接电话。整个办公室的人都听到了有个男的找王姐，大家都抬起头来看着王姐。王姐非常不好意思地过去接电话。

情境二

小丽接到一个电话：“帮我叫一下小飞。”小丽听出是局长的声音，她赶紧把小飞叫来，自己就在不远处竖起耳朵听电话，她听到小飞说：“好，我马上去您办公室。”小飞匆匆走了。小丽立即跑到张大姐那里：“张大姐，局长叫小飞去一趟，一定是他那天喝醉酒打人的事被局长知道了，这还不得严厉处分，弄不好开除呢。”过了几天，单位里都在传小飞喝醉酒打人被局长狠狠批评了。

思考·讨论

以上案例，都存在着不妥之处，你认为正确的做法是什么？在通话过程中，还应该注意什么礼仪规范？

一、拨打电话礼仪

有备而打、慎选时间；牢记步骤、注意举止；兼顾有序、反复核实。

（一）拨打电话三要素

1. 时间要素

公务电话拨打的时间应该在上班时间，如果有急事需在下班时间打公务电话，要向对方表示抱歉；打国际电话要考虑时差问题；一般事务性通话，通话时间最好不要超过 3 分钟，即通话 3 分钟原则。

2. 空间要素

电话周围有 4 平方米左右的敏感区。电话敏感度良好，可以把方圆 4 平方米的声音传送到对方那里，因此，要尽量使周围的人保持安静。打电话时，若要和旁边的人说话，要用手掌盖住话筒，注意不要让通话方听见。

3. 态度要素

电话有“只闻声不见人”的特性，通话时发出的声音会传达出不同的情绪。航空公司的客服人员通话时，声音要甜美、亲切，表述要清楚、有条理。与旅客通话时，客服人员一定要具有服务意识，表现出专业、耐心，保持良好的服务态度，千万不要大喊大叫，或消极对待。对旅客所提出的具体问题，应及时上报，予以落实。

除此以外，用固定电话通话时，拿电话的位置也会影响电话中传来声音的效果。拿电话正确的方法是，使受话口紧贴耳朵，送话口正对着唇部，送话口与嘴之间的距离为一拳左右。打电话时还要注意姿态端正。

（二）拨打电话的流程及规范

拨打电话的流程及规范见图 5-1。

二、接听电话礼仪

来电必接，接电及时；礼貌热情，善始善终；长话短说，适可而止。

（一）接听电话原则

1. 铃响不过三声原则

接电话时不宜让对方等的时间过长，在铃响三声之前接听电话为宜，如果铃响时

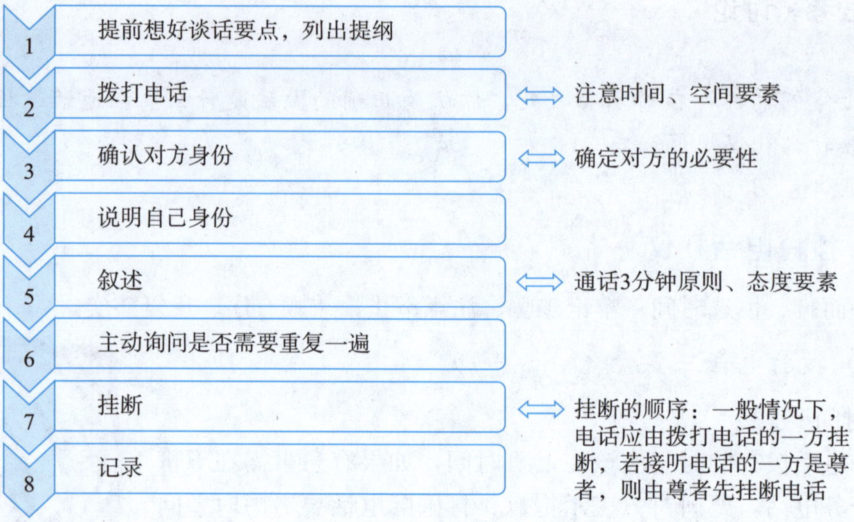

图 5-1　拨打电话的流程及规范

间过长才接听电话，要先向对方表示歉意。

2. “5W1H”原则

接听公务电话要做记录。记录的方法要遵循“5W1H”原则，即 who、when、where、what、why、how，记录的字迹要清晰整齐。

案　例

重庆一家文具公司要求员工注意通过接听电话礼仪塑造公司的形象，效果很好。一次，一位记者因拨错号码，将电话打到该公司，记者竟不知不觉地为接电话人的客气、热忱所感动、吸引，与对方交谈了十几分钟。后来，这位记者无意中路过该公司，忍不住进去拜访了一下，发现其员工素质果然不俗。这使记者深受感动和启发，回去后马上写了篇报道。报道发表后，这家文具公司的知名度和美誉度大大提高，生意越做越红火。注意电话形象，不仅是表现自己风度、自我修养的需要，也是塑造所代表的社会组织的良好形象的需要。我们很难从一个打电话时啰里啰唆、满嘴粗话的听觉形象中去相信他所在的公司是一个有良好风范和实力强大的公司；与此相反，如果我们听到的是一个说话严谨、谈吐不俗、充满礼貌和热情的电话形象，恐怕很难怀疑对方所在组织的素质和实力。也许正是因为如此，日本的松下电器商学院非常注重训练学员打电话、接电话。例如，学院规定，打电话时必须正襟危坐、聚精会神，不许吃东西，不许吸烟；听到电话铃响，立即去接。首先，声音清晰，态度和蔼地表明自己公司的名称和所属部、课，并准确地记下电话内容，交由主管人处理；打电话时，内容力求简明扼要；拨通电话时，马上报出公司名称和所属部、课及自己的姓名；在作简单的问候后，把要求和希望简要告诉对方，说话时，语言要委婉、诚恳等。

民航服务人员如果能够根据不同的场景与语境，恰到好处地巧妙运用沟通应变术，体现出文明、平等、友善的社会主义核心价值观，那么一定会给旅客带来更好的服务感受，为他们营造出一个温馨、和谐的“空中之家”。

（二）接听电话的流程及规范

接听电话的流程及规范见图5-2。

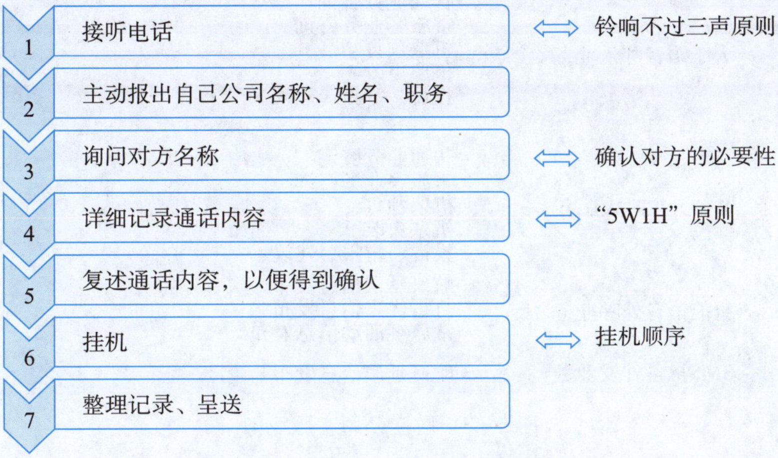

图5-2　接听电话的流程及规范

以上是公务电话通话的基本流程，实际通话具有互动性的特点，客服人员要在此基础上灵活掌握和运用。接听电话对话方式比较见表5-1。

表5-1　接听电话对话方式比较

错误表述	正确表述
“你找谁？”	“请问您找哪位？”
“有什么事？”	“请问您有什么事？”
“你是谁？”	“请问您贵姓？”
“不知道！”	“抱歉，这件事情我不太了解。”
“我问过了，他不在！”	“我再帮您看一下，抱歉，他还没回来，您方便留言吗？”
“没这个人！”	“对不起，我再查一下，您还有其他信息可以提示一下我吗？”
“你等一下，我要接个别的电话！”	“抱歉，请稍等。”

学生拓展活动

1. 电话礼貌用语运用：练习拨打、接听电话的礼貌用语。
2. 电话流程语言训练：两人一组，根据电话流程进行训练。
3. 电话礼仪民航工作情境练习：

结合图5-3，自己设计情境：航班查询、客票代理、旅客投诉等，以民航服务相关知识作为主要通话内容练习公务电话。要求遵循公务电话礼仪规范。

业务类型	业务应用实例
自动语音呼入业务	航班查询 电子客票预订 普通机票预订 航班到达延误查询 常旅客客户信息查询 常旅客里程兑换 酒店预订
人工语音呼入业务	普通业务咨询 常旅客业务咨询 机票预订 机票更改 投诉、举报、建议
Web人工呼入服务	普通业务咨询 常旅客业务咨询 机票预订 机票更改 投诉、举报、建议
智能语音外呼业务	航班延误信息发布 打折优惠信息发布 常旅客活动信息发布
SMS批量外发业务	航班延误信息发布

图 5-3　航空公司客服业务

◆ 评价

查阅相关资料，了解航空公司客服中心运营情况，记录在表 5-2 中。

表 5-2　航空公司客服中心运营情况

航空公司名称	客服号码	客服中心情况简要介绍

第二节　电话通话突发状况及其对策

情境链接

一位消费者新买的某品牌电脑出现故障。她忘了该电脑品牌的维修电话，于是从查号台问到该公司电话后打了过去。一位女性接了电话，犹豫几秒钟后说道："我帮你找人来说，你稍等。"谁知这一等就是好几分钟，这位消费者能听到办公室嘈杂的声音，但就是没人再接电话，那位女性也不知去向。她非常生气，从此对这个品牌的印象大打折扣。

思考·讨论

你若接到上述电话，会如何处理？在实际电话通话中，会出现什么样的突发状况？如何应对才符合礼仪规范？

电话通话突发状况及其对策

讲解提示：

电话打来，对方找的人不再办公室，该怎么办？

1. 请对方稍后再打过来；
2. 留下对方电话、姓名，告知要找的人；
3. 请对方留言，代为转达。

电话通话的突发状况一般有以下几种：

1. 有电话打进，你来接听，而找的对方恰好不在

对策：

（1）请问您有急事吗？是否可以十分钟以后再打来？

（2）您方便留下您的电话及姓名吗？我会通知××，他/她会尽快给您回复。

（3）您方便留言吗？我会转达给××。

（4）如果对方要求你提供手机号码，一定先问清对方身份，对无关人员不要留私人手机号码。

2. 接到领导不愿接的电话

对策：可以灵活、礼貌地拒绝。

3. 接到一些令人困惑的电话

对策：询问清楚，代为总结。

4. 对方怒气冲天地打来电话

对策：应耐心聆听、细心劝说、委婉解释，并向其表示歉意或谢意，不可与对方争辩。

5. 对方喋喋不休的时候

对策：代为总结，继而询问下一步。

6. 线路突然中断

对策：原则上由主动打电话一方负责重拨、道歉。

7. 对方谈话谈不到点子上

对策：归纳总结，稍加引导。

8. 拨错号

对策：若自己拨错要及时道歉；若对方拨错要避免斥责，礼貌告知对方拨错电话。

9. 电话串线

对策：不可同时交谈，要考虑先后次序，考虑对方身份。

10. 被问及隐私、机密问题

对策：婉言拒绝。

11. 对方来电，需要查找资料时

对策：如果需要较长时间，最好先挂断，稍后再回复，避免对方持电话等待。

学生拓展活动

两人一组练习。在电话礼仪情境练习的过程中，教师安排突发状况，考查学生的反应能力及处理问题的能力。

评价

学生情境通话练习完毕后，教师与观摩同学一起进行评价，评价项目见表5-3。

表5-3 评价项目

	拨打一方	接听一方
通话姿态		
通话语言		
通话态度		
通话方式		
状况处理		

分为3分、2分、1分三个等次，3分为完美，2分为一般，1分为有瑕疵。总计30分为满分，24～29分为优秀，14～23分为良好，13分及以下为不合格。

第六章
民航服务人员空间礼仪

就一般而言，交往双方的人际关系以及所处情境决定着相互间自我空间的范围。

学习目标

知识目标

了解服务空间的距离运用。

能力目标

1. 运用空间礼仪知识进行旅客服务。

2. 提高与人交往能力及观察能力。

素养目标

1. 通过介绍人际交往的距离感差异，倡导以人为本。

2. 通过结合拓展活动中的茶水服务，感受不同的距离感，让学生体会到服务中的细节，增强服务意识。

相互交往时空间距离的远近，是交往双方是否亲近、是否喜欢、是否友好的重要标志。因此，人们在交往时，选择正确的距离至关重要。

情境链接

距离实验

一位心理学家做过这样一个实验：在一个刚刚开门的大阅览室里，当里面只有一位读者时，心理学家进去坐在他或她的旁边。实验进行了整整 80 人次。结果证明，在一个只有两位读者的空旷的阅览室里，没有一个被试者能够忍受一个陌生人紧挨自己坐下。当心理学家在他们身边坐下后，许多被试者很快就默默地起身离开，到远处择座坐下，甚至有人充满敌意地问心理学家：“你想干什么？”

这个实验说明了人与人之间需要保持一定的空间距离。任何一个人，都需要在自己的周围有一个自己能够把握的自我空间，它就像一个无形的“气泡”一样为自己“割据”了一定的“领域”。而当这个自我空间被人触犯时，人们就会感到不舒服、不安全，甚至恼怒。

思考·讨论

在服务过程中，不同的情境下与旅客保持什么样的距离较为合适？

民航服务空间礼仪

讲解提示：

1. 空间距离
2. 界域姿势
3. 空间距离感差异

第一节　空间距离分类

就服务人员来说，在自己的工作岗位上所需要与服务对象彼此保持的常规的人际距离，大致可分为五种，见图 6-1。

图 6-1　空间距离分类

一、服务距离

服务距离即服务人员与服务对象之间所保持的一种最常规的距离，主要适用于服务人员应服务对象的要求，为对方直接提供服务之时。一般情况下，服务距离以 0.5～1.5 米为宜。具体的服务距离还应根据服务的具体情况而定。

二、展示距离

展示是服务距离的一种较为特殊的情况。展示距离即服务人员需要在服务对象面前进行操作示范，以便使后者对服务项目有更直观、更充分、更细致的了解。展示距离以 1～3 米为宜。

三、引导距离

引导距离即服务人员为服务对象带路时彼此之间的距离。据惯例，服务人员行进在服务对象左前方 1.5 米左右最合适。

四、待命距离

待命距离特指服务人员在服务对象尚未传唤自己、要求自己提供服务时，需要与对方自觉保持的距离。正常情况下，应当在 3 米以外，只要服务对象视线所及即可。

五、信任距离

信任距离即服务人员为了表达自己对服务对象的信任，同时使对方对服务的浏览、斟酌、选择或体验更为专心而采取的一种距离。即离开对方而去，在对方的视线中消失。采取这种距离时应注意两点：一是不要躲在附近，这会让人觉得被暗中监视；二是不要去而不返，令服务对象在需要服务时找不到人。

第二节 空间距离感差异

人际交往的空间距离不是固定不变的，它具有一定的伸缩性，这依赖于具体情境，如交谈双方的关系、社会地位、文化背景、性格特征、心境等。不同国家、不同民族、不同文化背景，其交往距离也不同。这种差距是人们对“自我”的理解不同造成的。

一、不同民族、国家的距离感差异

例如，北美人理解“自我”包括皮肤、衣服以及体外几十厘米的空间，因此，交往时，接受不了对方的过度亲热。

二、不同社会地位的距离感差异

社会地位不同，交往的自我空间距离也有差异。一般说来，有权力、有地位的人对个人空间的需求相应会大一些。我国古代的皇帝，坐在高高的龙椅上，与大臣们拉开了较大的距离，独占较大的空间，大臣们在皇帝面前均要弯腰低头，眼睛不能直视皇帝，退朝时还要背朝外地倒退而出。所有这些，都表现了皇帝至高无上的权力与地位。当人们接触到有权力、有地位的人时，不敢贸然挨着他坐，而是尽量坐到远一点儿的地方，这都是为了避免其因被侵犯自我空间而生气。

三、不同性格的距离感差异

例如，性格开朗、喜欢交往的人更乐意接近别人，也较容易容忍别人的靠近，其自我空间较小。而性格内向、孤僻自守的人不愿主动接近别人，宁愿把自己孤立封闭起来，对靠近自己的人十分敏感，其自我空间受到侵占时更易产生不舒服感和焦虑感。此外，人们对自我空间的需要也会随具体情境的变化而变化。

最美民航人

在客舱服务中乘务员会遇到各种各样的问题。尤其是由于不可抗拒的天气等原因造成航班延误时，旅客极易产生急躁情绪。这时需要乘务员具有良好的素养，充分理解对方的心情，豁达、宽容，谅解旅客的一时冲动。一次飞北京至贵阳航班时，乘务员见一位中年妇女歪在椅子上睡着了，怕她着凉，拿了一条毛毯，轻轻盖上，未曾想惊醒了她。妇女对乘务员吼道："干什么?"乘务员连忙解释，她根本不听。在送饮料时，乘务员见这位旅客面色憔悴，眼圈发黑，情绪低落，觉得她肯定缺少睡眠，心绪不佳，应该互相理解。在送饮料返回时，乘务员主动诚恳地对她说："实在对不起，刚才惊醒了您!"她也十分不好意思，连连说："怪我不好，向你道歉。"乘务员对旅客的理解，及时的道歉感动了她。她临下飞机时，主动向乘务员打招呼，说了一句"理解万岁"。

空乘服务职业在人们的眼中，是在空中飞来飞去的令人羡慕的职业，但在实际工作中，因远程航线时差的不同、国内航线各种旅客的不同，承担了人们意想不到的辛苦。没有吃苦耐劳的精神，乘务员就承受不了工作的压力，做不好服务工作。工作中遇到的困难和特殊情况随时都会发生，需要乘务员用心去体会服务中的细节，增强服务意识。

四、不同情境的距离感差异

在狭小的空间，例如公共汽车上，人们无法考虑自我空间，必须容忍别人靠得很近，这时已没有亲密距离与公众距离的界限，彼此间仅通过躲避别人的视线和呼吸来表示距离。然而，若在较为空旷的公共场合，人们的空间距离就会扩大，如公园休息亭和较空的餐馆，陌生人毫无理由地挨着自己坐下，就会引起怀疑和不自然的感觉。所以，人们有时会试图通过选择适当的位置来独占一块公共领地。如在公园休息亭，如果从一开始你就坐在长凳的中间，这会给人凳子比较短的印象，这样你就可能在一段时间里独占这条凳子。

我们了解了交往中人们所需的自我空间及适当的交往距离，就能有意识地在民航服务过程中选择与旅客交往的最佳距离，而且，通过空间距离的信息，还可以很好地了解一个人实际的社会地位、性格以及人们之间的相互关系，更好地进行人际交往，这是提高服务质量的技巧。

学生拓展活动

1. 两名同学相对而立，体会不同距离的心理感受。

2. 空间距离服务练习：

（1）分不同角色设计服务情境，进行茶水服务。要求服务距离正确，上茶动作正确，并做简单交流。

（2）其他同学在纸上根据角色写出最佳服务距离。

由扮演旅客的同学对扮演服务人员的同学的服务空间礼仪规范进行评价。

3. 在社交礼仪中，人际交往的空间与服务空间有些不同，请你查找相关资料，了解社交礼仪中的空间礼仪规范，并简单记录：

第七章 民航服务人员外事礼仪

有朋自远方来，不亦乐乎。

学习目标

知识目标

了解相关外事礼仪常识。

能力目标

掌握为外宾服务的礼仪规范。

素养目标

1. 通过介绍不同国家的习俗，体现尊重、平等理念。
2. 通过学习国际礼宾顺序，不断提高服务水平，塑造良好国际形象。

孔子曰："礼者，敬人。"所谓外事礼仪，即人们在其涉外交往中用以维护自尊及尊重其交往对象的一系列行为规范。依照中国古代典籍《素书》的说法："礼者，人之所履。夙兴夜寐，以成人伦之序。"所谓人同此心、事皆此理，进行国内交往必须遵守礼仪规范，进行国际交往也应有其礼仪规范可以遵循。

案　例

年龄风波

小王接待了一位83岁高龄的美国老太太，她是来华旅游并参加短期汉语培训班的。见面时小王对老人说："您都这么大岁数了，还到国外旅游、学习，真不容易啊。"这话要是让中国老太太听了，准会眉开眼笑，高兴一番。可是那位美国老太太一听，脸色即刻晴转多云，冷冷地应了一句："哦，是吗？你认为老人出国旅游是一件很奇怪的事吗?”弄得小王十分尴尬。小王的本意是想表达礼貌尊重，结果却事与愿违。原因在于西方人对年龄、对“老”的忌讳。在外国，人们最不希望对方了解自己的年龄，尤其是女士。正如有一句话：“应该永远记住女士的生日，忘却女士的年龄。”

这个事例表明，在民航服务过程中，服务人员很有必要掌握一些外事礼仪相关知识。

根据惯例，在外事交往中，每个人都必须时时刻刻注意维护自己的形象，特别是在正式场合留给初次见面的外国友人的第一形象。懂得国际礼仪，不但是民航服务工作的需要，也是一个人文明素质的体现，能增进友谊，顺利开展对外活动。

第一节 礼宾次序

国际交际中的礼宾次序非常重要，在国际礼仪活动中，如安排不当或不符合国际惯例，就会招致非议，甚至引起争议和交涉，影响国与国之间的关系。在礼宾次序安排时，既要做到大体上平等，又要考虑到国家关系，以及活动的性质、内容，参加活动成员的威望、资历、年龄，甚至所从事的工作领域、当地风俗等。

情境链接

两年一届的亚欧首脑会议已成机制，礼宾安排既要考虑若干国际惯例，也要体现东道国的特色。出席第七届亚欧峰会的有10位国家元首、23位政府首脑、东盟和欧盟各1位领导人、1位副首脑、7位外交部部长和1位副外长。按照亚欧会议惯例，时任总理的温家宝要在会议开幕式前，在人民大会堂依次迎接与会领导人。根据亚欧会议的做法，此场活动的礼宾顺序要突出四个协调员——中国、文莱、法国和欧盟委员会，同时也要考虑各代表团团长的级别。由于各代表团住得比较分散，有的住在西边的香格里拉酒店，有的住在东边的索菲特酒店，要保证他们在半小时内按顺序全部抵达会场，一个合理且各方都能接受的礼宾次序十分重要。经过反复研究和比较，礼宾司最终选择了按国名汉语拼音排序确定44位与会领导人车队出发顺序，大大缩短了道路管制时间。

实际执行当天，在各有关部门通力合作下，各车队行进流畅连贯，不到30分钟，44位领导人全部抵达人民大会堂，迎接仪式顺利举行。

实际上整个亚欧峰会期间，每场活动都有不同的礼宾顺序，包括领导人合影、开幕式的站位、会议的座次安排等，这是为了避免按某一固定排序方式导致一些与会领导人总排在后边或旁边。

对此，礼宾司同志解释说：“国际会议是重要的外交舞台，我们的任务就是让与会领导人有更多的机会相互接触和交流。”

思考·讨论

如果你负责外事活动的接待工作，遇到次序的问题，应该如何安排呢？

地方交往、社交活动，要按照约定俗成的做法。国际交往中，要按照国际惯例进行表达。如国内许多地方选举，通常以候选人姓氏笔画多少来进行排序，而国际会议则是按照拉丁字母顺序。如联合国大会上各国的发言顺序，就是按照各国国名字母排列。

在外事活动中，主要涉及以下的礼宾次序：主席台座次、会议座次、签字仪式座次、合影站位次序、旗帜悬挂等。

一、主席台座次

政务场合，一般按居中为上，以左为上来安排座次。当领导人数为奇数时，1 号领导居中，2 号领导排在 1 号领导左边，3 号领导排右边，其他依次排列；当领导同志人数为偶数时，1 号领导、2 号领导同时居中，常用的座次安排是 2 号领导依然在 1 号领导左手位置，3 号领导依然在 1 号领导右手位置。其他依次排列。在具体排座次时可以根据当地的习惯顺序排列。

（1）主席台人数为奇数时，见图 7-1。

图 7-1　主席台人数为奇数座次安排

（2）主席台人数为偶数时，见图 7-2。

图 7-2　主席台人数为偶数座次安排

几个机关的领导人同时上主席台，通常按机关排列次序排列。可灵活掌握，不必生搬硬套。如对一些德高望重的老领导，可适当往前排，而对一些较年轻的领导，可适当往后排。另外，对邀请的上级单位或兄弟单位的来宾，也不一定非得按职务高低来排，通常掌握的原则是：上级单位或同级单位的来宾，其实际职务略低于主人一方领导的，可安排在主席台适当位置就座。这样，既体现出对客人的尊重，又使主客都感到较为得体。

主席台必须排座次、放名签，以便领导对号入座。

（3）嘉宾席面向主席台时：座次与在主席台上一致，见图 7-3。

图 7-3 嘉宾席面向主席台座次安排

二、会议座次

一般按面门为上、以右为上、居中为上来安排座次。

会议室会客座次安排一般分为自由式、中心式、相对式、并列式四种。自由式适合非正式交往，不分身份、不分地位；中心式适用于主题讨论，以一位尊者为中心的小范围讲座等会议活动。

1. 相对式

一般围绕长条桌，相对而坐，需要有一定距离。

（1）竖放式：一进门的右手为上座，通常安排客方，见图 7-4。

图 7-4 会议桌竖放式座次安排

（2）横放式：面对门的位置，安排客方。居中为上、以右为上，见图 7－5。

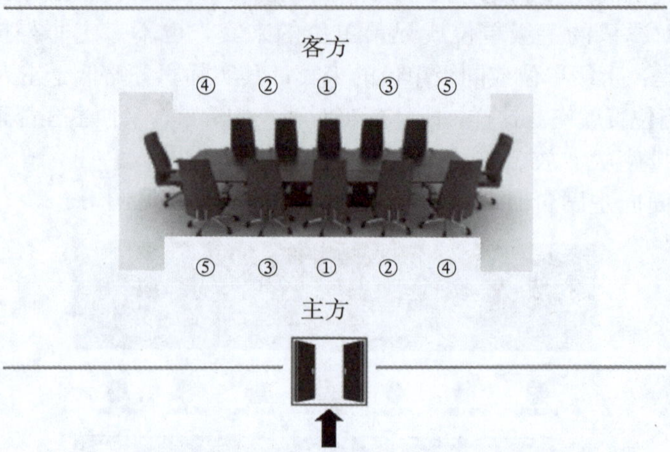

图 7－5　会议桌横放式座次安排

2. 并列式

主要用于会见朋友宾客或者较为轻松的场合，体现平起平坐，多见于沙发就座。如果双方都面对正门，一般是以右为上，见图 7－6。

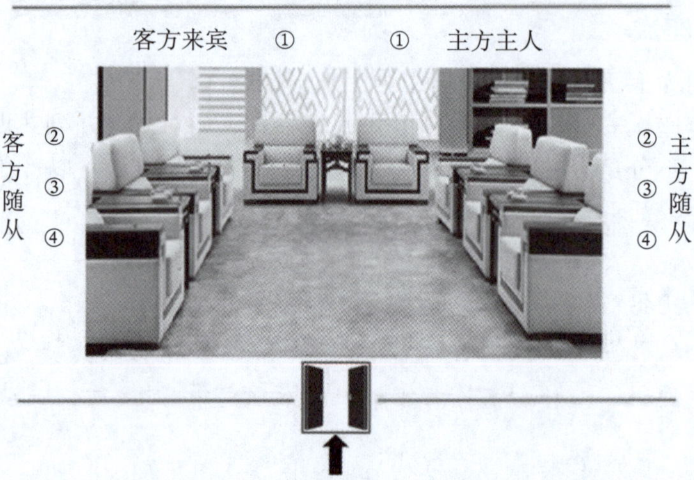

图 7－6　宾主并列而坐座次安排

三、签字仪式座次

签字仪式，主人在左边，客人在主人的右边。双方其他人数一般对等，按主客左右排列。签约陪同人员站于本方签约人后方，一般按中间高、两侧低；前面高、后面低来安排站位，见图 7－7。

四、合影站位次序

一般按以右为上，中间高、两侧低，前面高、后面低的原则站位，见图 7－8。

图 7－7　签约仪式次序安排

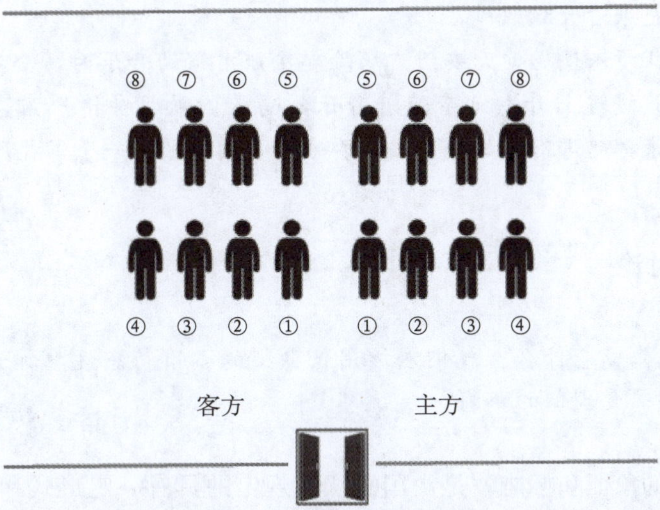

图 7－8　合影站位次序

礼宾次序不是教条，要灵活运用、见机行事。有时由于时间紧迫，无法从容安排，则必须照顾到主要人员。

五、旗帜悬挂

情境链接

父亲的愿望

离国庆节还有一个礼拜，父亲执意要去北京。父亲这位曾经体格健壮的军人，现在体弱多病，他说他年轻时到过北京，并和另外两名战友参加过当年的国庆庆典。父亲说起这段历史时，一脸自豪。

国庆节前一天我们到了北京，我向父亲介绍北京的景点，有很多地方都值得一观，但父亲哪儿都不想去。在旅馆安顿下来后，父亲说："早点休息，明天是国庆节，我们要起早。"

睡得迷迷糊糊时，我听到父亲在敲门："快点起来，我们去天安门。"我慢慢地穿衣起床，父亲一直在催我。

我们到达天安门广场时，广场前已经聚集了很多人。父亲生气了，像小孩子一样责怪我："都怪你，都怪你，看，起来晚了，害我没能占个好位置。"旁边一位和父亲年龄相仿的老者，问父亲是不是退伍军人。听到"军人"的称呼，父亲变得很高兴，一连声地回答着："是的，是的。"老者又问起父亲哪年入的伍，是什么兵种。两位老人越聊越开心。老者告诉父亲，他也是一名老兵，这天特意从山东来北京，就是为了观看升旗仪式。父亲握着老者的手，激动地说："我也是啊，我从深圳来，我来北京的目的，和你一样，是来看升旗的……"直到这时，我才知道，父亲来北京，不是为了北京的风光，而是来看升旗。

当国旗护卫队步入现场，天安门广场响起庄严肃穆的音乐时，全场立刻安静下来。国歌响起来，国旗缓缓上升。父亲随着音乐，唱着国歌，神情严肃，却又是愉悦的。国旗升起来，父亲挥起那有力的大手，认真地朝着国旗敬了一个军礼。

思考·讨论

国旗对我们意味着什么？我们应该用什么样的心情与态度参加升旗仪式？应该用什么样的行动热爱我们的祖国？

国旗是国家的象征和标志，是由国家法律规定的具有一定形式和格式的旗帜。按照国际关系准则，一国元首、政府首脑到他国领土访问，其住所及主要交通工具上悬挂本国国旗是一种外交特权。作为一种礼遇，东道国接待来访的外国元首或政府首脑时，可在隆重场合悬挂对方的国旗。国际上公认，一个国家的外交代表在接受国境内有权在其办公处和官邸以及交通工具上悬挂本国国旗。展览会、体育比赛等国际性活动，也往往悬挂参加国的国旗。

在建筑物上或室外悬挂国旗，一般应日出升旗，日落降旗。如遇特殊情况，需悬旗致哀时，可先将国旗升至杆顶，然后再下降至旗杆高 2/3 处，日落降旗时，也应将旗升至杆顶，然后再降下。按照国际惯例，在悬挂双方国旗时，以右为上、左为下。两国国旗并排，以旗本身面向为准，右挂客方国旗，左挂本国国旗（见图 7－9）。汽车上挂国旗时，以汽车行进方向为准，驾驶员左手为主方，右手为客方（见图 7－10）。所谓主客，以举办活动的主人为依据，而不是以举行活动的所在国为依据。多面国旗并挂，主方在最后，如属国际会议，无主客之分，则按规定的礼宾顺序排列。

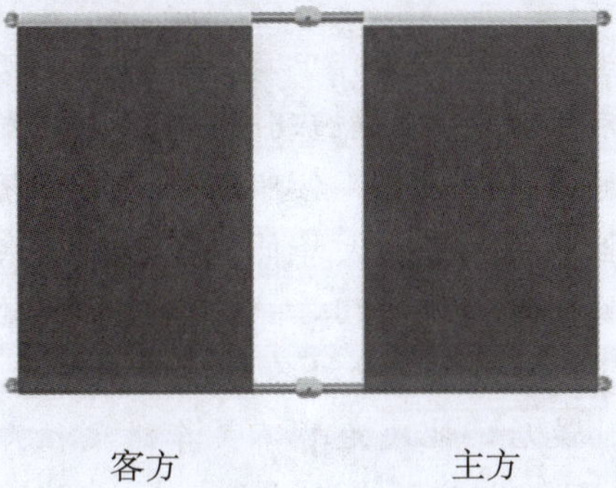

图 7-9　两面国旗并挂

图 7-10　汽车挂旗

国旗不能倒挂，一些国家的国旗由于文字和图案的原因，也不能竖挂和反挂。有些国家甚至明文规定，凡竖挂则需另行制作国旗，将图案转正。正式场合悬挂国旗要使正面面对观众（以旗套的右边为准）。如把两面国旗挂在墙上，应避免采用交叉挂法或竖挂法。交叉挂法（见图 7-11）多见于谈判桌上。

图 7-11　交叉挂法

各国国旗的式样、图案、颜色、尺寸、比例都是按照各国宪法中的有关规定制作的。由于不同国家的国旗比例不同，两面旗帜悬挂在一起时，一大一小会显得很不协调。因此，在并列悬挂比例不同的国旗时，应注意事先将其中一面适当放大或缩小，以使人们在视觉上感觉对称、相当。

最美民航人

挥动五星红旗，传递希望力量

——记党的二十大代表，海南航空机长、教员李雪峰

多年来，李雪峰保持着一个习惯：穿好制服准备出发前，会再特意整理一下胸前的党徽。对一名有着 36 年党龄的老党员、12 年军龄的老兵、27 年民航飞行经验的资

深机长来说，这是一种特殊的职业仪式感。“它就像警醒我的长鸣钟，时刻提醒我飞行安全高于一切!”李雪峰说。

业务骨干的精湛技术和优秀党员的责任担当，在日常工作中看得出来，也使他在关键时刻站得出来。有一次，李雪峰在执行北京飞往海口的航班任务时，右侧发动机火警突然响起，驾驶舱气氛瞬间紧张起来。如果是真实火警，按照程序需要关闭告警发动机。但飞机单发工作，不仅操纵困难，安全系数也将大大降低。李雪峰让乘务长迅速查看右侧发动机，确认无明烟后，他一边收回发动机油门，一边凭借扎实的理论知识和丰富的飞行经验综合判断：火警灯只是间歇闪亮，发动机各参数指示还算正常，很可能是探测传感系统故障，未必是真实火警。最后，他决定暂不关车，飞往郑州紧急备降。落地后检查，李雪峰的判断是正确的。他回忆道：“记得当我走出驾驶舱时，客舱里响起了阵阵掌声。”

这只是他成功处置众多险情之中的一个普通案例。除了过硬的飞行技能，关键时刻的责任担当也是衡量一名优秀飞行员的重要标准。自 2020 年新冠疫情暴发以来，李雪峰和海航的党员“逆行者”主动请缨，赴一线执飞疫区客货运航班，为战疫架起了一座座“空中桥梁”。“一分钟都不能耽搁，每个人都在与时间赛跑”，李雪峰回忆起第一次执飞援鄂抗疫航班的情景，仍然感慨不已——客舱里是即将奔赴抗疫“战场”的医护人员，他们目光勇毅，手中挥动着五星红旗。“客舱里舞动的红色让我非常感动，真想拥抱他们，将自己的力量传递给他们”。他们共完成运送援鄂医疗队及抗疫物资飞行任务 13 次。“每飞一次都可以让更多人获得生的希望”。

李雪峰总说：“秉承工匠精神，要把自己热爱的职业做到极致。”近 40 年的飞行历程如同一枚沉甸甸的生命勋章，记录着他翱翔蓝天的初心，以及对党和人民的赤胆忠心。

学生拓展活动

1. 以小组为单位，按不同外事活动项目情境、不同身份，进行安排位次练习。
2. 设计不同外事服务场景，简单布置会场，结合礼仪服务仪态进行接待。

评价

学生完成外事活动接待任务后，教师与观摩同学一起进行评价，评价项目见表 7－1。

表 7－1 评价项目

接待场景主题突出	主宾角色明确	位次安排正确	服务仪态规范

第二节　与不同国籍友人交往礼仪规范

情境链接

小贺迎宾

一个秋高气爽的日子，迎宾员小贺着一身剪裁得体的新制服，第一次独立地走上了迎宾员的岗位。一辆白色高级轿车向饭店驶来，停靠在饭店大转门的雨棚下。小贺看到后排坐着两位男士、前排副驾驶座上坐着一位身材较高的外国女宾。小贺一步上前，以优雅姿态和职业性动作，先为后排客人打开车门，做好护顶、关好车门后，小贺迅速走向前门，准备以同样的礼仪迎接那位女宾下车，但那位女宾满脸不悦，这让小贺不知所措。通常后排座为上座，一般凡有身份者皆在此就座，小贺先为他们打开车门，有什么不对吗？

思考·讨论

这位女外宾为什么不悦？小贺做错了什么？

案例中小贺的做法违背了国际第一礼俗："女士优先"原则。

和文化背景、风俗习惯、社会制度与我方大有差别的外国人交朋友，一条行之有效的原则，就是在与对方进行交往和沟通时，遵循国际社会中约定俗成的交际惯例。在与国际友人的交往中，要热情有度：对待对方既要热情友好，又要把握好热情友好的具体分寸；要尊重对方的国家、地区、民族习惯；要尊重他人隐私，自觉回避对方个人隐私；要讲信用、信守承诺，不随便许愿，避免失信于人；要做到"女士优先"，尊重女士，关心女士，照顾女士，保护女士，并且时时处处努力为女士排忧解难。

案　例

两位外籍旅客登机后未对号入座，而是坐在应急出口座位上。乘务员去调整时发现其中一位会讲中文，但两位旅客都拒绝调换座位，因此产生了不愉快。灵活处置与坚持原则并不矛盾，既然有一位旅客会讲中文，可以请其与同伴沟通，并认真阅读出口座位的说明，确认他同意履行应急出口撤离时的各项职责。另外，还应注意：在登机时就要随时观察，不要等旅客行李安放坐下来或滑行时再去调换位子，这样容易引起旅客的反感。如果外籍旅客执意要坐在应急出口，除了需让他阅读安全须知英文版，同时还应确认坐在他旁边的其他旅客有能力并愿意共同承担出口座位职责。

乘务员在飞机上不仅仅是端茶送水，而是需要掌握许多知识，比如在飞往美国的航班上，乘务员要掌握中国和美国的国家概况、人文地理、政治、经济，航线飞越的国家、城市、河流、山脉以及名胜古迹等；还要掌握飞机的设备、紧急情况的处置、飞行中的服务工作程序以及服务技巧等。可以说，空中乘务员上要懂天文地理，下要掌握各种服务技巧和服务理念，不但要有漂亮的外在美，也要有丰富的内在美。

民航工作面对的服务对象是不同国家、不同地区、不同文化层次、不同职业、不同年龄、不同风俗习惯的旅客，所以，服务具有特殊性。在体现尊重、平等的前提下，为了满足国内外不同旅客的服务需求，民航服务人员必须提高自身的文化修养，掌握丰富的专业知识和服务技能，做好服务工作。

部分国家主要习俗见图 7－12。

美国

1. 着装：

总体而言，美国人对日常的穿着打扮不太讲究，崇尚自然，偏爱宽松，主张着装体现个性。

2. 用餐：

其一，不允许进餐时发出声响；其二，不允许替他人取菜；其三，不允许吸烟；其四，不允许向别人劝酒；其五，不允许当众脱衣解带；其六，不允许议论令人作呕之事。

3. 礼品：

向美国人赠送礼品要送单数，且讲究包装。

英国

1. 称呼与交谈：

人们见面称呼时，即使在熟人之间，也要将头衔冠在名字的前面。不要说有关君主制的闲话，也不要谈论宗教。

2. 餐饮：

英国人很会保养，早上一睁眼就先喝“被窝茶”。午餐、晚餐一般为两菜一汤，牛肉、羊肉、鸡、鸭、鱼等搭配，外加点心、水果和咖啡。英国人十分讲究“午后茶”，一般在每天下午4点半，公司会免费供应红茶，另加白糖、牛奶或少许点心。在上层社会，邀请朋友饮茶仅次于设宴，是一种社交方式。

3. 礼品：

一般送价钱不贵但有纪念意义的礼物，切记不要送百合，因为在英国百合意味着死亡。英国人收到礼物习惯当面打开。

德国

1. 见面礼

握手时要坦然地注视对方；握手的时间宜长些，晃动的次数宜多一些，力量宜大一些。切勿直呼德国人的名字，应称其全称，或仅称其姓。

2. 餐饮：

其一，吃鱼用的刀叉不得用来吃肉或奶酪；其二，食盘中不宜堆积过多的食物；其三，忌吃核桃。

3. 着装：

德国人在穿着打扮上的总体风格是庄重、朴素、整洁。

法国

1. 法国人对穿戴极为讲究。
2. 吃法国菜的礼节：
用餐巾的一角轻轻印去嘴上或手指上的油渍便可，注意仪态。坐姿应该保持挺直，身体可略向前靠，两臂应紧贴身体。吃法国菜同吃其他西餐一样，用刀叉时记住由最外边的开始，由外到内。
3. 礼品：
注意送花时不要送菊花、杜鹃花；不要送带有仙鹤图案的礼物；也不要送核桃，核桃在法国有不吉祥的含义。

图 7-12 部分国家主要习俗

学生拓展活动

1. 查找资料，总结各国的主要习俗。

2. 礼仪习俗展示：3～4 名学生为一组，做不同国家、民族的习俗展示。要求展示配以讲解，并配合身体姿态、问候语、见面礼节、服装等。

3. 情境服务练习：设计接待不同国家、民族的旅客情境，进行服务。

4. 我们在图 7-4 中提示了四个国家的礼仪习俗，除此以外，请再查找一些其他国家和民族的习俗资料，填写在表 7-2 中。

表 7-2 习俗资料

国家、民族	重点习俗

◆ 评价

情境服务练习完成后，教师与观摩同学一起进行评价，评价项目见表 7-3。

表 7-3 评价项目

讲解清楚	习俗了解全面	展示姿态规范	问候亲切	见面礼节正确

第八章

民航服务人员日常礼仪规范

一个人的成功，15%是靠专业知识，85%是靠人际关系与处世能力。

学习目标

知识目标

了解日常生活中常用的迎访、交通、用餐礼仪规范。

能力目标

1. 掌握轿车的接待礼仪规范。
2. 掌握日常礼仪规范，提高服务礼仪修养。

素养目标

1. 结合待客中的让座、奉茶以及中餐座次等环节，传承尊老爱幼的家庭美德，传承中国传统人文精神，增强文化自信。
2. 通过介绍日常礼仪规范，引导学生做高素质的公民，创造和谐的社会秩序。

第一节　迎访礼仪

工作情境任务

由学生分组演示主人和客人两个角色，模拟在家中接待客人。

思考·讨论

在迎访过程中应注意哪些礼节？

一、做客的基本礼仪

做客有不同的情况：初次登门拜访，老朋友串串门，应邀赴约聚会，有事求助于人等，因而礼节也稍有不同。无论何种情况，客人都要为主人着想，客随主便，少给主人带来不便。做客的基本礼仪流程见图 8－1。

图 8－1　做客的基本礼仪流程图

（一）注意时间的选择

一般来说，访问某人，应事先选择好时间，不宜选择对方较忙的时段或三餐时间，晚上不宜太迟。节假日和周末是私人访问的好时机，但如果没有预约，也不要贸然前往，这些时间主人往往另有安排。预先约定时间，最符合礼仪规范。尽量不做不速之客，不请自到。预约好的拜访，宾主都要守时、守约、守信。客人应准时或稍提前一点儿到达，若因特殊情况不能赴约，应想办法通知对方，爽约是极不礼貌的。

（二）注意服装的选择

一般的访问，服装整洁、朴素、大方即可，不必太过华丽。蓬头垢面、衣冠不整是对主人的不敬。去庆贺喜事，就须讲究些。

（三）进门时先敲门或按门铃

敲门要有节奏感，不轻不重，不急不慢，以敲两三下为宜。对虚掩着或开着的门，也不可不请而入，给主人一个措手不及是很失礼的。进门后最好等主人示意后再落座。对约好的正式拜访，无论事情多急，拜访的时间多紧，在门口也只能寒暄问候，不要谈正题，入室落座后再谈，否则会给对方留下不成熟的印象。要穿拖鞋的，在门口就换好。见到其家人应问好致意，不打招呼是失礼的。

（四）对主人的热情款待表示感谢

主人敬茶或水果等时，应起身或欠身双手接过，并说声“谢谢”。喝茶忌出声响。

（五）交谈礼仪

交谈过程中，要注意交谈的礼仪和技巧，谈话要简要，少说消极的话。善于倾听，做出积极反应，不要随意打断别人的谈话。客人在主人家不宜东张西望。不要随便走进主人的卧室，随意乱用物品，除非主人主动邀请。

（六）告辞礼仪

掌握好告辞的最佳时机。一般性拜访，时间不宜太长，也不宜太匆忙。一般以半小时到一小时为宜。若是事务、公务性拜访，则可视需要决定时间的长短。客人提出告辞的时间，最好是与主人的一个交谈高潮之后，或者是在又有新客人来时。交谈中主人若有疲劳感或有家人来提示有急事要办等情况时，适时告辞较为得体。告辞时应对主人及其家人的款待表示感谢。如果主人家有长辈，应向长辈告辞。

综上所述，作为客人，应遵守的基本礼节为：事先预约，不做不速之客；如期而至，不做失约之客；彬彬有礼，不做冒失之客；衣冠整洁，不做邋遢之客；举止端庄，谈吐文雅，不做粗俗之客；适时告辞，不做难辞之客。

二、接待的基本礼节

中华民族大都热情好客。“有朋自远方来，不亦乐乎。”对来客，不管是预约好的，还是不速之客，都要热情接待。不速之客大都有不得已的理由，来不及或不方便预先通知，所以应体谅对方。

（一）不速之客来访

如果自己衣冠不整，那么先为客人让座，致歉后回自己房间整衣，然后再出来接待。穿睡衣接待客人是不礼貌的。如果客厅比较杂乱，待客人到后先表示歉意并稍整理一下客人的座位即可，不要忙乱地收拾房间，让客人感到尴尬。

（二）对预约的来客

待客礼仪

讲解提示：

1. 请进
2. 让座
3. 上茶
4. 送客

接待礼仪流程见图 8－2。

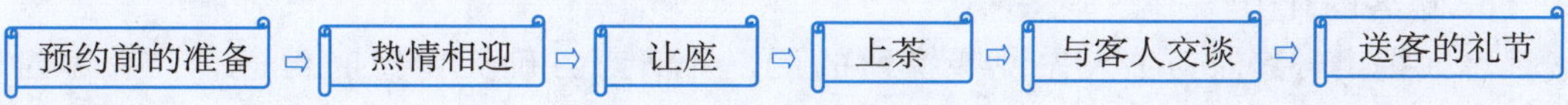

图 8-2　接待礼仪流程图

1. 在预约的时间之前做好准备

(1) 物质准备：客厅要适当收拾干净，并准备些茶点、水果等。客厅最好放些书刊之类，供客人等候时翻阅。要注意开窗通风。

(2) 精神准备：考虑好要讲的话题，做到心中有数。

2. 客人来访时热情相迎

当客人脱下衣帽要主动为其放好（最好不要主动去拿客人的手提包和公文包），必要时向家人介绍客人。家人最好向客人致意，热情问候，不必打招呼的就应回避。

3. 让座

上座的位置：离门远的，对着门的；长沙发优于短沙发，内侧优于外侧，高椅子优于低椅子（见图 8-3）。

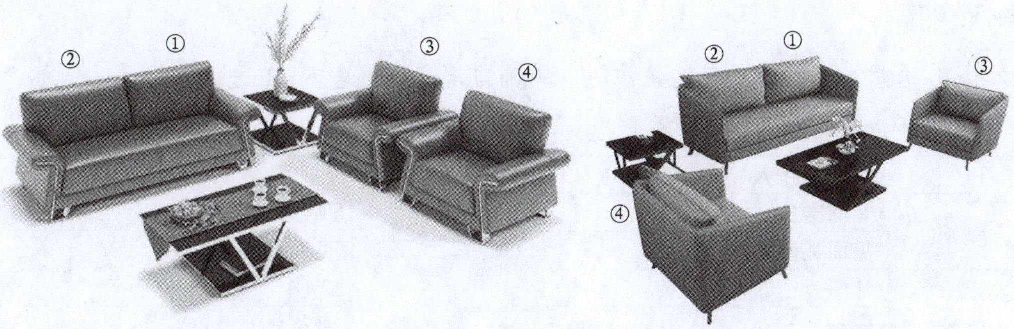

(a)　　(b)

图 8-3　沙发座次图

4. 上茶

取出杯子，当着客人的面将杯盖揭开，盖口朝上放在茶几上；再放人适量茶叶，倒入 2/3 开水，盖好，从客人左侧上茶。若客人是长辈或领导、师长，敬茶时应右手扶杯，左手扶底，双手敬上，杯耳朝向客人，一般将茶杯放在客人右前方（见图 8-4）。平辈或晚辈可随便些。上茶的顺序：先客后主、先长后幼、先女后男。

图 8-4　敬茶手势

5. 与客人交谈

要注意倾听客人的讲述，不随便打断，对重要的地方可以附和或询问。运用得体的体态语言（目光、手势、表情、姿势等）来加强交谈的效果。交谈过程中，应不时邀请客人吃水果、喝茶，但要注意邀请的语气和分寸，频繁邀请喝茶会让客人感到在催其离去。若正与客人交谈，又有其他客人来访，并与先到的客人互不相识，主人应主动替双方介绍。对来到的所有客人应一视同仁，对其中某一位过分亲密，会引起别的客人的不快或误会。

6. 送客的礼节

客人提出告辞时，主人先说些挽留的话，弄清对方确无留意时再送客。送客时，如果在家里，可让客人自己开门，主人开门似乎在下逐客令，迎客时主人走在前，送客时主人走在后，但在饭店和正式的聚会上，是不应让客人自己开门的。送客时，若是老年人、上级、女士或初次拜访者，则应送至楼下或庭院外，同辈、晚辈或常客可送至电梯口或楼道口，应目送客人走出视线以外，客人回头相看时，可挥手或点头微笑致意。如果客人刚出门，就听到背后“砰”的一声关上门，会误以为主人并不欢迎自己，至少觉得友谊不够深厚。

学生拓展活动

1. 练习上茶的动作方法。

2. 分小组分角色进行办公室或家庭拜访、待客的模拟训练。按“进门—问候—握手—让座—上茶—交谈—告辞”七个环节进行练习。

◆ 评价

4～5 名学生为一组进行迎访练习，教师与观摩组按表 8-1 进行评价。

表 8-1 评价项目

主人			客人		
迎客	客前准备		拜访之前	预约	
	见面礼仪			见面礼仪	
待客	让座		拜访中	入座	
	上茶			受茶	
	交谈			交谈	
送客			告辞		

评价方法：每项 1 分，满分为 12 分。10～12 分为优秀；6～9 分为合格；5 分及以下为不合格，需重新练习。

第二节　交通礼仪

工作情境任务

请你分别从行路、骑车、乘坐公共汽车、乘坐出租车、乘坐轿车五个方面总结交通礼仪规范，并举例讲解。

思考·讨论

当我们行走于路上时，最重要的是应该注意安全，不仅保证自己的安全，同时还要保证不侵犯他人的安全，除此之外还应注意什么礼仪方面的规范呢？

一、行路礼仪

案　例

1. 行人也该礼让

见图8－5，一位父亲带孩子骑车，父子俩走在机动车道内，任凭后面的车辆不停地按喇叭，这位父亲就是不紧不慢，毫不理会。

2. 马迷途，人糊涂

都说老马识途，但图8－6中这辆拉着水果售卖的马车却在路口找不着北，不但停在了指路牌下，还留了大半截车身在指路牌指的路上。

图8－5　行人也该礼让

图8－6　马迷途，人糊涂

（一）行路礼仪规范

（1）遵守规则。

过马路走人行道，在路上要靠右行，忌互相勾肩搭背。

（2）讲究顺序。

当与人单排行进时，通常尊者在前，即前为上、后为下；当并排行进时，里为上、外为下；当三人以上行进，中间为上、内侧次之、外侧为下。当二人相遇时，要侧身互让。

（二）行走规范实例

1. 上下楼梯

（1）遵守规则。

单行行进，最多不超过两人，右侧行走。

（2）讲究顺序。

先到者先行。上楼时应走在尊长、客人后边；下楼时应走在尊长、客人前边；当并排行进时，拐角处让尊者先行。

（3）注意姿态。

上下楼梯时上体立直，与人前后相隔两三级台阶。

2. 出入电梯

（1）遵守规则。

忌扒门挤人。电梯内可视状况是否与相识者寒暄，如没有其他人员时可略做寒暄，另有不相识者在时，可斟酌是否有必要寒暄。当乘坐自动扶梯时要自觉靠向右侧，左侧为紧急通道。

（2）讲究顺序。

遇到无人管理的电梯时：应请长者、尊者、残疾人后进先出。电梯到达门打开时，可先行进入电梯，一手按“开门”按钮，另一只手按住电梯侧门，礼貌地说“请进”，请客人们或长辈们进入电梯。进入电梯后：按下客人或长辈要去的楼层按钮。到达目的楼层：一手按住“开门”按钮，另一只手做出请出的动作，可说：“到了，您先请!”客人走出电梯后，自己立刻步出电梯，并热诚地引导行进的方向。

遇到有人管理的电梯时，则应请长者、尊者、残疾人先进先出。

3. 进出房间

（1）遵守规则。

先敲门或按门铃，用手轻开、轻关。

（2）讲究顺序。

门朝里开，自己应先入内把住门，侧身请尊长先进；门朝外开，请客人先进。

案　例

有一次，王××执行飞行任务，和机组人员排队穿过候机楼。因为时间尚早，他们没有走传送带，然而却看到另外一个机组，十几个人站在传送带上，旁边不规则地放着硕大的旅行箱，他们或左或右地站立在传送带上，而身后急于赶飞机的旅客只能干着急，过不去。空中乘务员应该知晓行路要靠右侧，这一条早已被写进了《乘务员行为规范》，可是在候机楼的传送带上却仍然看到了这令人遗憾的一幕。靠右侧通行，把左边的通道让给那些有急事的人。一个很微小的生活细节，却能够反映出一个人的素质和学识。礼仪从来不是生硬的规定所能约束的，管理者也不可能时刻监督，更多地需要个人自觉自愿，将其形成良好的习惯。

要想成为一名合格的民航服务人员，在日常生活中要严格要求自己。无论是空中、地面，都要时刻注意通过每日、每时、每事的言行，传承尊老爱幼的家庭美德，传承中国传统人文精神，体现出民航人的风范。要通过自己工作中乃至生活中的一言一行、一举一动把民航企业形象传递给每一位社会公众，传播到四面八方。只有在这样的思想意识支配下，才能把自己最佳的心灵美、举止美呈现在旅客面前，做高素质的民航人。

二、乘坐公共交通车礼仪规范

（1）上下车遵守秩序：先下后上，依次上车。

（2）主动让座。

（3）注意忍让。

（4）在车内不宜与司机过多地交谈，不宜谈论隐私性内容。不要在车内吸烟。

（5）不要在车内整理衣饰、描眉画眼以及脱鞋、抖袜子。对着车内后视镜补妆的做法，是很让人反感的。

（6）不要在车内与异性打打闹闹，表现得过分亲昵。

（7）不要在车内吃东西、喝饮料、吐痰。也不要打开车窗，让废物与浓痰随风而去，这样有悖于社会公德。

三、乘坐轿车礼仪规范

情境链接

王先生提拔之波折

某公司的王先生年轻肯干，点子又多，很快引起了总经理的注意并拟提拔为营销部经理。慎重起见，总经理决定再进行一次考察，他恰巧要去省城参加一个商品交易会，需要带两名助手，便选择了公关部杜经理和王先生。王先生非常看重这次机会，想寻找机会表现一下。

出发前，由于司机小张乘火车先行到省城安排一些事务，尚未回来，所以，他们临时改为搭乘董事长驾驶的轿车一同前往。上车时，王先生很麻利地打开了前车门，坐在驾车的董事长旁边的位置上，董事长看了他一眼，但王先生并没有在意。

车上路后，董事长驾车很少说话，总经理好像也没有兴致，似在闭目养神。为活跃气氛，王先生引出一个话题："董事长驾车的技术不错，有机会也教教我们，如果都自己会开车，办事效率肯定会更高。"董事长专注地开车，不置可否，其他人均无应和，王先生感到没趣，便也不再说话。一路上，除董事长向总经理询问了几件事，总经理简单地作答后，车内再也无人说话。到达省城后，王先生悄悄问杜经理："董事长和总经理好像都有点不太高兴?"杜经理告诉他原委，他才恍然大悟："噢，原来如此。"

会后从省城返回，车子改由司机小张驾驶，杜经理由于还有些事要处理，需在省城多住一天，同车返回的还是四人。王先生想，这次不能再犯类似的错误了。于是，他打开前车门，请总经理上车，总经理坚持要与董事长一起坐在后排，王先生诚恳地说："总经理您如果不坐前面，就是不肯原谅来的时候我的失礼之处了。"并坚持让总经理坐在前排才肯上车。

回到公司，同事们知道王先生这次是同董事长、总经理一道出差，猜测肯定要提拔他，都纷纷向他祝贺。然而，提拔之事一直没有下文了。

思考·讨论

讨论并请指出王先生的失礼之处。正确的轿车座次应该是什么？

乘坐轿车礼仪规范

讲解提示：

1. 轿车的座次
2. 上下顺序
3. 姿态

（一）轿车的座次

在轿车上，由专职司机驾驶，座次的常规一般是右座尊于左座，后座尊于前座。在公务活动中，轿车上的前排副驾驶座通常被称为“随员座”。按惯例，此座应由秘书、译员、警卫或助手就座，而不宜请客人在此就座。由主人亲自驾驶轿车时，一般前排为尊，客人坐在副驾驶座上与主人“平起平坐”，才合乎礼仪。

不同车型的座次如下：

（1）双排座轿车。

这种轿车在国内最为普遍。当专职司机驾车时，座次由高到低是：后排右座、后排左座、后排中座、副驾驶座（见图 8－7）；当主人亲自驾车时，其座次从高到低依次是：副驾驶座、后排右座、后排左座、后排中座（见图 8－8）。

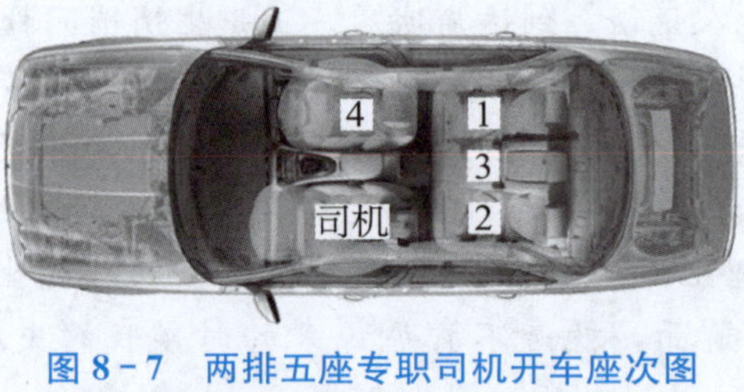

图 8－7　两排五座专职司机开车座次图

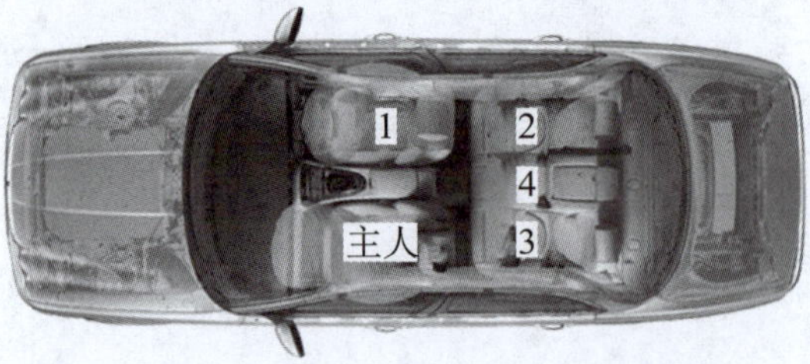

图 8－8　两排五座主人开车座次图

（2）三排七座轿车。

当专职司机驾驶时，座次由高到低依次是：中排右座、中排左座、后排右座、后排左座、后排中座、副驾驶座（见图 8-9）；当主人驾驶时，座次由高到低依次是：副驾驶座、后排右座、后排左座、后排中座、中排右座、中排左座（见图 8-10）。

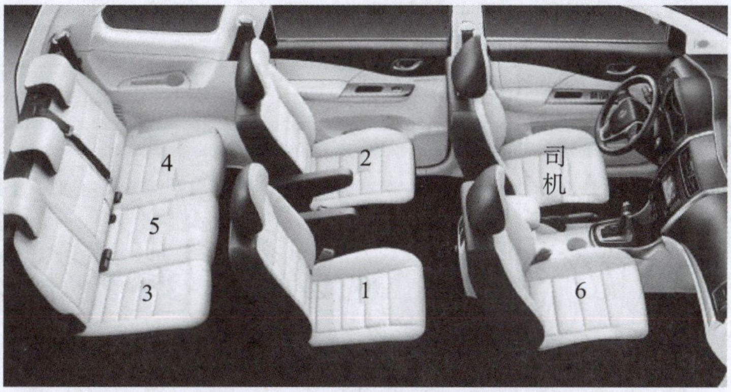

图 8-9　三排七座司机开车座次图

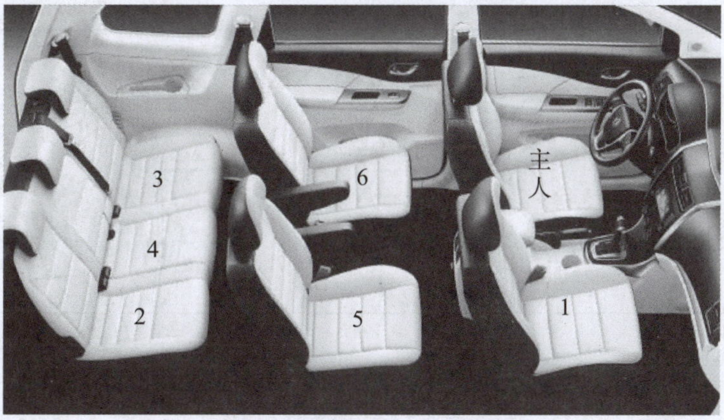

图 8-10　三排七座主人开车座次图

（3）多排座轿车。

这里所讲的多排座轿车特指四排或四排座以上的轿车，不管是谁驾车，座次都是由前而后，自右而左，依距离前门远近排定。

（4）轻型越野车。

不管由谁驾驶，其座次尊卑依次为：副驾驶座、后排右座、后排左座。

（二）上下顺序

尊者、来宾先上后下。若一同与女士、长辈、上司或嘉宾在双排座轿车的后排上就座，应请后者先从右侧后门上车，在后排右座上就座。随后，应从车后绕到左侧后门登车，落座于后排左座。到达目的地后，若无专人负责开启车门，则应先从左侧后门下车，从车后绕行至右侧后门，协助女士、长辈、上司或嘉宾下车，即为其开启车门。要注意“女士优先”的国际惯例。

（三）上下车仪态

在上下车时，动作应当“轻柔”一点，不要大步跨越，连蹦带跳，像“跨栏”一样。穿短裙的女士，上车时，应先背对车厢，坐下之后，再慢慢地将并拢的双腿一齐收入，然后转向正前方（见图 8－11）。下车时，应先转向车门，将并拢的双腿移出车门，双脚着地后，再缓缓地移出身去（见图 8－12）。

(a)　(b)　(c)

图 8－11　上车仪态

(a)　(b)　(c)

图 8－12　下车仪态

学生拓展活动

1. 练习上下轿车的仪态。
2. 模拟练习接待客人上下车，并合理安排座次。

测一测

不定项选择题

1. 接待人员引导来访客人时，以下选项错误的是（　　）。

A. 在走廊上，接待人员在客人之前两三步，让客人走在内侧

B. 引导客人上楼时，接待人员走在后面，下楼时反之

C. 乘坐电梯时，接待人员应先进入电梯，走出电梯时，接待人员应请客人先行

D. 客人进入会客室坐在了靠近门的下座，接待人员不可以请其改坐，否则不礼貌

2. 乘坐车辆的座次顺序错误的是（ ）。

A. 主人亲自驾驶车辆时，副驾驶座为最尊贵，之后依次为后排右、后排左、后排中

B. 专职司机驾驶的车辆，后排司机后的座位是最尊贵的

C. 当主人驾车送其友人夫妇时，友人中的男士应坐在副驾驶位置上而不应与夫人同坐后排

D. 专职司机驾驶的双排六座轿车，后排右座为尊，后排左次之

3. 上下楼梯时错误的是（ ）。

A. 不管有多急的事情也不能奔跑

B. 为人带路上下楼梯时应走在前面

C. 与穿短裙的女士上下楼梯时应走在女士前面

D. 需要深谈时应该到楼梯的拐角处再谈

4. 乘坐小轿车时错误的行为是（ ）。

A. 着裙装的女士先上车

B. 抵达目的地时，主人先下车

C. 女士上车时应先轻轻坐在座椅上再把双腿一同收进车内

D. 陪同客人坐同一辆车，主人应帮助客人从右侧后门上车后，再从左侧后门上车

5. 乘坐电梯的礼节错误的是（ ）。

A. 乘坐手扶电梯宜站在扶手左侧，右侧留作通道，方便有急事的乘客自由上下

B. 出入厢式电梯要讲先后顺序，出来时应由外而内依次而出

C. 当电梯人数超载时，不要强行挤入

D. 手扶电梯应尽量单人乘坐，避免多人并行、拥挤

6. 对汽车上座描述正确的有（ ）。

A. 社交场合：主人开车，副驾驶座为上座

B. 商务场合：专职司机，后排右座为上（根据国内交通规则而定），副驾驶座为随员座

C. 双排座轿车有的 VIP 上座为司机后面那个座位

D. 在有专职司机驾车时，副驾驶座为末座

7. 司机驾车，对座次的描述正确的有（ ）。

A. 后排高于前排　　B. 两侧高于中央　　C. 中央高于两侧

D. 内侧高于外侧　　E. 前排高于后排　　F. 外侧高于内侧

第三节 餐饮礼仪

情境链接

用餐尴尬

刘小姐和张先生在一家西餐厅就餐，张先生点了海鲜大餐，刘小姐点了烤羊排，

主菜上桌，两人的话匣子也打开了。张先生边听刘小姐聊童年往事边吃海鲜，心情愉快极了，正在陶醉的当口，他发现有一根鱼骨头卡在牙缝中，让他不舒服，他心想用手掏太不雅了，于是就用舌头舔，舔也舔不出来，还发出啧啧咂咂的声音，好不容易将它舔吐出来，就随手放在餐巾纸上，之后又在餐巾纸上吐了一些虾壳。这时张先生想打喷嚏，就随手拉起餐巾纸，用力打了个大喷嚏，结果餐巾纸上的鱼刺、虾壳随着风势飞了出去，有一些正好飞落在张小姐正在吃的羊排上，这下刘小姐不高兴了，话也不说了，饭也吃得少了。

思考·讨论

指出本案例中张先生的失礼之处。享用中餐、西餐与自助餐分别有什么礼仪规范呢？

日常生活的一日三餐，每顿都不能少，逢年过节，人来客往，请客吃饭是常事。社交活动更离不开餐饮活动。餐厅里、饭桌上，优雅得体的行为举止，既表现了人们自身的文化修养，又让大家能够愉快地品味佳肴，增进友谊。讲究餐饮礼仪是必需的。

一、中餐礼仪

中餐礼仪

讲解提示：

1. 用餐形式
2. 用餐座次
3. 餐具使用
4. 用餐礼节

（一）用餐形式

餐饮是一种常见的社交活动，用餐有三种形式：宴会、家宴、便餐。宴会要有一定的礼宾规格和程序。

（二）用餐座次

1. 桌次排列

正对门，若两桌横放，右为尊，左为卑；若竖放，则远为上，近为下。

三桌以上：距主桌越近，桌次越高。

具体的桌次排列见图 8－13。

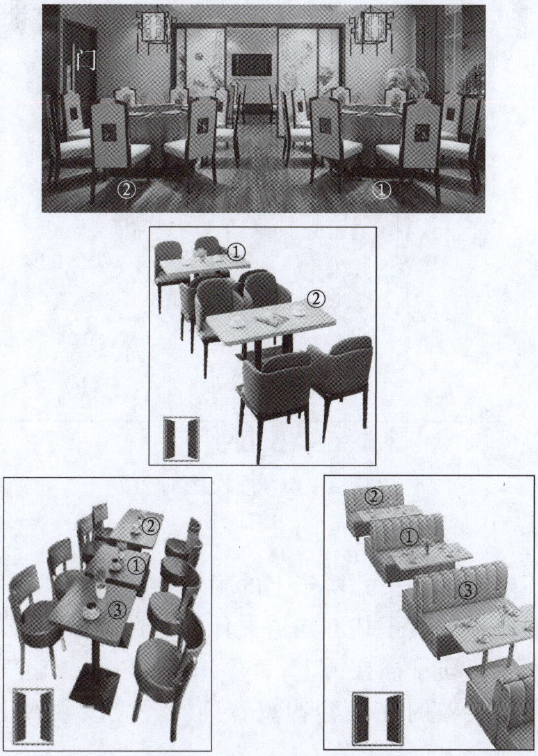

图 8－13　桌次排列

2. 座次排列

遵循右上左下、中座为上、面门为上、观景为佳、靠墙为好的原则来确定“上座”的位置。见图 8－14。

（三）餐具使用

中餐的餐具主要有杯、盘、碗、碟、筷、匙六种。所有的餐具都要轻拿轻放。筷子是极具中国特色的，这里介绍一下筷子的使用规范：

不能举着筷子和别人说话，说话时要把筷子放到筷架上，或将筷子并齐放在饭碗旁边。不能用筷子去推饭碗、菜碟，不要用筷子去叉馒头或别的食品，更不能用筷子拨盘子里的菜。

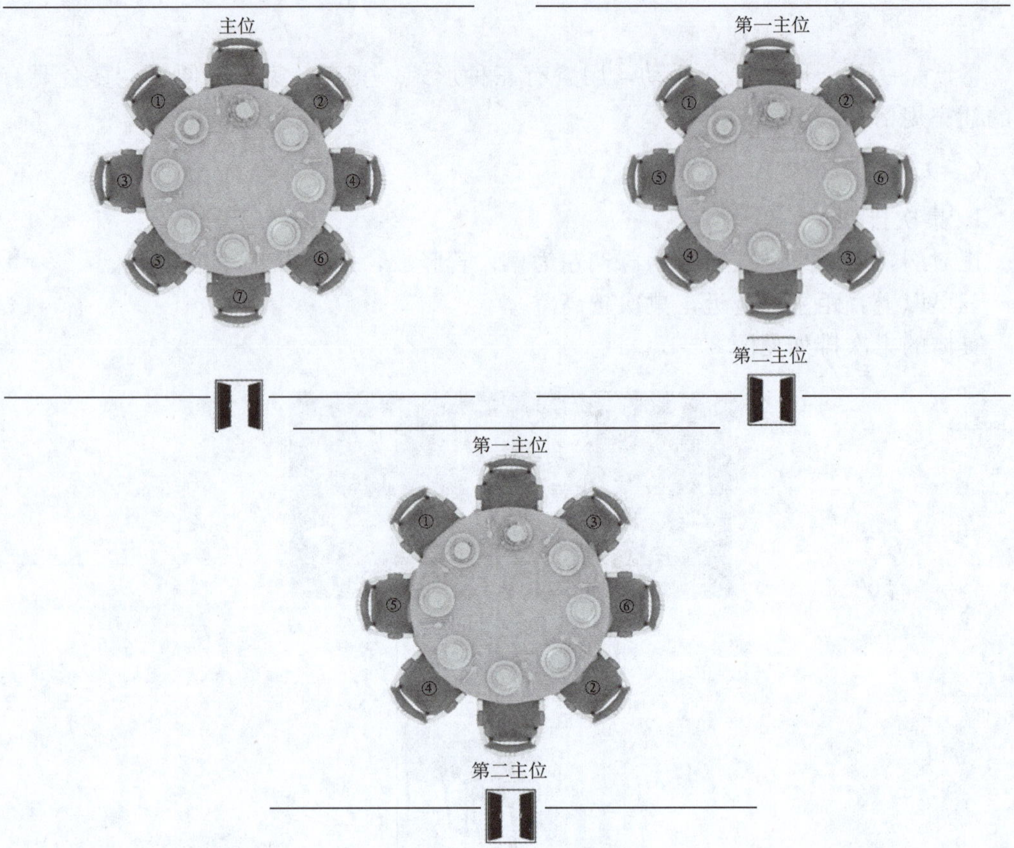

图 8－14　座次排列

其他用筷忌讳还有：

（1）忌舔筷——不要用舌头去舔筷子上的附着物；

（2）忌迷筷——不要举着筷子却不知道夹什么，在菜碟间来回游移；

（3）忌插筷——不要将筷子插在饭上；

（4）忌泪筷——不要夹菜时滴滴答答流着菜汁，应该拿着小碟，先把菜夹到小碟里再端过来；

（5）忌移筷——不要刚夹了这盘里的菜，又去夹那盘里的菜，应该吃完之后再夹另一盘菜；

（6）忌敲筷——不要敲筷子，敲筷子是对主人的不尊重；

（7）忌掏筷——不要将菜从中间掏开，扒弄着吃；

（8）忌扭筷——不要扭转筷子，用舌头舔上面饭粒。

另外，现在有些宴席实行公筷母匙，那么要记住不能用个人独用的筷子汤匙给别人夹菜舀汤。

（四）用餐礼节

用餐时，应注意吃相。不可摇头晃脑，宽衣解带；说话尽可能降低音量；在取食菜肴时，不要挑三拣四；多人就餐，应注意相互礼让。

二、西餐礼仪

西餐礼仪

讲解提示：

1. 用餐座次
2. 餐具使用
3. 用餐礼节

（一）座次的排列

西餐的位置排法与中餐有相当大的区别，中餐多使用圆桌，西餐则以长桌为主。长桌的位置排法主要有以下两种方式。

1. 英美式就座方式（见图 8－15）

左右两端为男女主人，若夫妇一起受邀，则男士坐在女主人右手边，女士坐在男主人右手边，左边则是次客的位置，如果是陪客者，则尽量往中间坐。

图 8－15　英美式就座方式

2. 法式就座方式（见图 8－16）

主人位置在中间，男女主人对坐，女主人右边是男主宾，左边是男次客，男主人右边是女主宾，左边是女次客，陪客则尽量往旁边坐。

图 8－16　法式就座方式

（二）餐具的使用

1. 刀、叉、匙的用法

图 8－17　刀叉用法

西餐宴席上使用的餐具主要是刀、叉、匙、盘、杯等。一般是左手拿叉，右手拿刀，见图 8－17。拿叉的姿势是，用左手拇指、食指、中指拿住叉。拿刀的姿势是，用右手食指压在刀背上以出力，其余手指拿住刀把。若有事暂时离开，把刀叉摆成八字，居中放在盘上。用餐完毕，将刀叉并列，靠右侧放在盘上。吃完一道菜将刀叉并列放在盘子的右边。不要举着刀叉和别人说话，不能发出刀叉相碰的声音。握匙的正确姿势为：用大拇指按住匙的把儿，其他手指轻轻托住另一边。舀汤时，应从盘子里面向外舀，盘中汤不多时，千万不可端起汤盘吮吸，而应用左手将汤盘微微外倾，用匙舀尽。

2. 餐巾的用法

一般来说，餐巾放在餐盘正中或叉子旁边。大家坐下后，可以将餐巾放在胸前下摆处，如果餐巾太大，可以折两折，对折处朝里。若有事暂时离席，应将餐巾放在椅子上，而不是桌子上，因为放在桌子上就意味着不想再吃了。吃完离座，才将餐巾放在盘子左边。餐巾内侧可以擦嘴，故不能用来擦桌子。如果餐巾掉到地上，应另要一块，然后把掉在地上的捡起来。

（三）用餐礼节

1. 入座礼仪

在西餐厅用餐时，入座或者离座最好走左侧，入座时应遵照女士优先的原则，男士要主动为女士移动椅子，待女士安座后再入座。

2. 正确使用餐具

使用西餐餐具时，应该左手拿叉子，右手拿餐刀与匙，拿餐具时自然拿捏即可，拿起刀叉后就不能随意摆放，也不能随意挥动。

3. 用餐礼仪

在使用刀叉时要注意动作轻缓，切勿发出切割摩擦的声音，每次应将食物切成小块送入口中。喝汤时，使用汤匙喝汤，不可直接端起盘子喝或在喝汤时发出声响。

4. 敬酒

敬酒时，应是主人发起敬酒，先与主宾敬酒，再与其他宾客敬酒，人多时，可以不必碰杯，举杯示意即可。碰杯时要注意双方应有目光或语言的交流，同时要注意力度，不可发出过大声响，也不可以交叉碰杯。最后，要谨记适度饮酒。

三、享用自助餐的礼仪

案 例

周小姐代表公司出席一家商社的周年庆典活动，庆典活动结束后，那家商社为全体来宾安排了自助餐。在此之前，周小姐从未吃过自助餐，她发现其他用餐者的表现都十分随意，于是她也就照葫芦画瓢，像别人一样放松自己。

让周小姐高兴的是，她在餐台上取菜排队时，发现有自己最爱吃的北极虾，于是她盛了满满一大盘。她的想法是，这东西虽然好吃，可也不方便再三来取，让别人嘲笑自己没有见过世面。再说，现在不多盛，一会儿保不准就没有了。

然而令她脸红的是，当她端着盛满北极虾的盘子从餐台走过时，很多人都向她投来诧异的目光，甚至还有人小声说："真丢脸啊。"经事后打听，才知道自己当时的行为是违反自助餐礼仪的。

所谓享用自助餐的礼仪，主要是指以就餐者的身份参加自助餐时，所需要具体遵循的礼仪规范。

（1）要排队取菜。在享用自助餐时，就餐者需要自己照顾自己，但这并不意味着可以因此而随意妄为。实际上，在就餐取菜时，用餐者往往成群结队而来，大家都必须自觉地维持公共秩序。轮到自己取菜时，应用公用的餐具将食物装入自己的食盘之内，然后迅速离去。

（2）要循序取菜。在自助餐上，如果想要吃饱、吃好，在具体取用菜肴时，就一定要先了解合理的取菜顺序。按照常规，取菜时的先后顺序应当是：冷菜、汤、热菜、点心、甜品和水果。在取菜前，最好先在全场转上一圈，了解一下情况，然后再去取菜。

（3）要量力而行。在根据个人的口味选取食物时，必须量力而行。切勿为了吃得过瘾而将食物一取而空，结果导致食物浪费。

（4）要多次取菜。在自助餐上遵守"少取"原则的同时，还必须遵守"多次"的原则。

学生拓展活动

模拟中、西餐就餐的过程。

1. 练习中餐座次、用餐礼节；西餐座次、用餐礼节。

学生 3～4 人一组，抽签决定练习内容。

2. 用餐礼仪展示：

组内成员分工，1 人在演示时讲解用餐礼仪规范要点，另 2～3 人演示。观摩的同学评价。

3. 可进行简单实物练习。

评价

针对模拟练习，教师及观摩学生进行评价，评价项目见表 8-2。

表 8-2　评价项目

组别	座次安排	餐具使用	用餐礼节	讲解
1				
2				
3				

分为 3 分、2 分、1 分三个等级，3 分为完美，2 分为一般，1 分为有瑕疵。

测一测（可以查阅相关资料）

单项选择题

1. 中餐上菜的顺序一般是先上（　　），后上（　　）。

A. 热菜　　B. 冷盘　　C. 汤菜　　D. 甜食

2. 关于西餐餐具的使用，下面做法错误的是（　　）。

A. 一般情况下，左手持刀，右手持叉

B. 就餐过程中，需同人交谈，刀叉应在盘子上放成八字

C. 进餐至一半，中途离席，餐巾应放在座椅的椅面上

D. 取用刀叉或汤匙时，应从内侧向外侧取用

3. 宴会上，为表示对主宾的尊重，主宾的座位应是（　　）。

A. 主人的左侧　　B. 主人的右侧

C. 主人的对面　　D. 面对门的位置

4. 使用餐巾时，不可以用餐巾来（　　）。

A. 擦嘴角的油渍　　B. 擦手上的油渍　　C. 擦拭餐具

5. 关于喝汤的几种说法中不正确的是（　　）。

A. 要用汤匙，不宜端起碗来喝

B. 喝汤的方法，汤匙由身边向外舀出，并非由外向内

C. 汤舀起来，一次分几口喝下

6. 西餐正确的食用顺序是（　　）。

A. 开胃小菜，汤，海鲜，肉类，冷饮，烘烤食物，餐后甜食

B. 汤，开胃小菜，海鲜，肉类，烘烤食物，冷饮，餐后甜食

C. 开胃小菜，汤，肉类，海鲜，烘烤食物，冷饮，餐后甜食

7. 如果在餐巾前有大、中、小、高四个杯子，应该分别装（　　）。

A. 水、红葡萄酒、白葡萄酒、香槟酒 B. 啤酒、水、红葡萄酒、香槟酒

C. 水、啤酒、白酒、红葡萄酒　　　D. 水、红葡萄酒、白酒、香槟酒

8. 在西餐厅，如果用餐的时候刀叉不小心掉在地上，应该（　　）。

A. 弯下腰去捡

B. 轻唤服务生前来处理并更换新的餐具

C. 不管它，用餐结束再说

9. 西餐中取面包时，应该（　　）。

A. 用叉子叉　　B. 用刀叉一起取　　　C. 用手拿

10. 如果餐中离座，应该将餐巾放在（　　）。

A. 餐桌上　　B. 椅子上，或靠桌缘下垂一角　　C. 椅背上

参考文献

1. 丁永玲．民航服务礼仪．武汉：华中科技大学出版社，2022.
2. 杨静．民航服务礼仪．北京：清华大学出版社，2021.
3. 袁冬梅．民航服务礼仪．北京：人民交通出版社，2021.
4. 李华，张根岭．民航服务礼仪与技能．北京：中国劳动社会保障出版社，2019.
5. 马晓虹．民航服务礼仪实务．北京：国防工业出版社，2016.

附　录

附录一　仪态美口诀

一、站姿

并脚跟，“V”字步，膝盖伸直，胯上提；

臀夹紧，收小腹，立腰直背，肩展平；

颈拉长，收下巴，目视前方，气上提。

二、坐姿

脚撤步，手抚裙，同时下坐，脚收回；

九十度，要牢记，立腰直背，端庄美。

三、蹲姿

后撤脚，轻抚裙，同时下蹲，手搭膝；

臂放松，腰立直，身体轻盈，稳重心。

四、步态

前进步，脚向前，双臂伸直，自然摆；

后退步，两三步，转身留头，示尊重；

引导步，左前方，转弯让行，这边请。

五、服务手势

横摆式、直臂式，远近不同，手并拢；

斜摆式、曲臂式，眼随手动，微欠身。

六、递接物品

递物者，语先行，尖刃向内，字向外；

接物者，应起身，双手接过，表感谢。

七、握手

伸右手，微欠身，两手相握，两三下；
分场合，看顺序，主客高低，伴问候。

八、介绍

介绍礼，分时机，初次相识，语谦恭；
中间人，遵规范，尊者优先，知对方；
被介绍，应起立，握手致意，带笑容。

九、鞠躬

十五度，微欠身，点头致意，表问候；
三十度，体前倾，目光下移，多迎送；
九十度，髋为轴，后背挺直，示郑重。

十、致意礼

初见面，带微笑，目视前方，点点头；
遇介绍，应起身，略表敬意，欠欠身；
远距离，举右臂，左右挥动，两三次。

十一、面部表情

眼传神，应平视，目光柔和，含笑意；
眉舒展，露微笑，自然和谐，好氛围。

附录二 民航服务常用语

1. 您好！
2. 欢迎您！
3. 谢谢您的合作！
4. 别客气！这是我们应该做的。
5. 您好！请出示一下您的登机牌。
6. 请您留下姓名和联系电话，有事可以与您联系。
7. 您好！我能帮什么忙吗？
8. 请问，我能帮您做什么？
9. 请您多提宝贵意见，谢谢！
10. 希望您能满意我们的服务。
11. 对不起，我没听清您的话，请您再说一遍好吗？
12. 请您讲慢点，好吗？
13. 不必客气，愿意为您服务。
14. 请您多多指教。
15. 照顾不周，请多包涵。
16. 我刚才的态度不好，请原谅！
17. 您看这样解决行吗？
18. 我明白了。
19. 希望我的解释能使您满意。
20. 请原谅/实在对不起/打扰您了。
21. 我们会立即采取措施，使您满意。
22. 实在对不起，请您再等几分钟。
23. 对不起，让您久等了。
24. 请稍等，我马上就来。
25. 请稍等，我马上给您送过去。
26. 请您慢走，再见！

附录三　中国传统节日习俗

序号	名称	时间	节日习俗
1	春节	农历正月初一	传统的庆祝活动从除夕一直持续到正月十五元宵节。我国北方地区有吃饺子的习俗，取“更岁交子”之意；南方有吃年糕的习惯，象征生活步步高。大年初一要拜年，互致祝福。
2	元宵节	农历正月十五	我国民间传统的元宵节，又称上元节、灯节。正月十五闹元宵，将从除夕开始延续的庆祝活动推向又一个高潮。元宵之夜，大街小巷张灯结彩，人们赏灯、猜灯谜、吃元宵，成为世代相沿的习俗。
3	清明节	农历四月清明节气	清明既是二十四节气之一，又是一个历史悠久的传统节日。清明的前一天称寒食节。两节恰逢阳春三月，春光明媚，桃红柳绿。寒食节的设立是为了纪念春秋时代晋朝“士甘焚死不公侯”的介子推。清明寒食期间，民间有禁火寒食、祭祖扫墓、踏青郊游等习俗，还有荡秋千、放风筝、拔河、斗鸡、戴柳、斗草、打球等传统活动。
4	端午节	农历五月初五	端午，又称端阳、重五、端五。早在周朝就有“五月五日，蓄兰而沐”的习俗。现在端午节的众多活动都与纪念我国伟大的文学家屈原有关。这一天，家家户户都要吃粽子，南方各地举行龙舟大赛，都与悼念屈原有关。同时，端午节也是自古相传的“卫生节”，人们在这一天洒扫庭院、挂艾枝、悬菖蒲、洒雄黄水、饮雄黄酒、激清除腐、杀菌防病。
5	七夕节	农历七月初七	每年七月初七，天下的喜鹊在银河上搭成一座鹊桥，牛郎和织女才能相见。这个美好的传说始于汉朝，经过千余年的代代相传，深入人心。这一天，民间有向织女乞巧的习俗。一般是比赛穿针引线，看谁更心灵手巧。因此，七夕又叫乞巧节或女儿节。
6	中秋节	农历八月十五	是秋季的中间，因此称中秋节。中秋之夜，除了赏月、祭月、吃月饼，有些地方还有舞草龙、砌宝塔等活动。除月饼外，各种时令鲜果、干果也是中秋夜的美食。此夜，人们仰望如玉如盘的明月，自然会期盼家人团聚。远在他乡的游子，也借此寄托自己对故乡和亲人的思念之情。所以，中秋节又称“团圆节”。
7	重阳节	农历九月初九	重阳佳节活动极为丰富，有登高、赏菊、喝菊花酒、吃重阳糕、插茱萸等。重阳节又是“老人节”，老人们在这一天或赏菊以陶冶情操，或登高以锻炼体魄，给桑榆晚景增添了无限乐趣。

续表

序号	名称	时间	节日习俗
8	冬至节	农历冬至节气	冬至在我国古代是一个很隆重的节日。至今我国台湾地区还保留着冬至用九层糕祭祖的传统，以示不忘根本，祝福阖家团圆。北方地区冬至有宰羊、吃饺子的习俗，南方的传统食品有冬至米团、冬至长线面等。
9	腊八节	农历腊月初八	这一天最重要的活动是吃腊八粥。最早的腊八粥只是在米粥中加入红小豆，后来演变得极为复杂考究，主料有白米、黄米、江米、小米、菱角米等数十种，添加核桃、杏仁、瓜子、花生、松仁、葡萄干、桂圆肉、百合、莲子等，通宵熬煮，香飘十里。
10	除夕	农历腊月三十	除夕是一年中最后一天，这一天，普通人家尽量争取团圆，全家围炉而聚，吃美食以辞旧岁，给孩子发压岁钱，迎新年，而户外则是爆竹声声。

图书在版编目（CIP）数据

民航服务礼仪实训 / 侯苏容主编 . -- 3 版 . -- 北京：中国人民大学出版社，2023.3
新编 21 世纪职业教育精品教材 . 民航服务类
ISBN 978-7-300-31429-7

Ⅰ . ①民… Ⅱ . ①侯… Ⅲ . ①民用航空－乘务人员－礼仪－职业教育－教材 Ⅳ . ①F560.9

中国国家版本馆 CIP 数据核字（2023）第 016241 号

"十三五" 职业教育国家规划教材
新编 21 世纪职业教育精品教材 · 民航服务类
民航服务礼仪实训（第三版）
主　编　侯苏容
主　审　王万涛
Minhang Fuwu Liyi Shixun

出版发行	中国人民大学出版社		
社　　址	北京中关村大街 31 号	**邮政编码**	100080
电　　话	010 - 62511242（总编室）		010 - 62511770（质管部）
	010 - 82501766（邮购部）		010 - 62514148（门市部）
	010 - 62515195（发行公司）		010 - 62515275（盗版举报）
网　　址	http://www.crup.com.cn		
经　　销	新华书店		
印　　刷	天津鑫丰华印务有限公司	**版　　次**	2011 年 9 月第 1 版
规　　格	185 mm×260 mm　16 开本		2023 年 3 月第 3 版
印　　张	10.75	**印　　次**	2025 年 5 月第 4 次印刷
字　　数	246 000	**定　　价**	34.80 元